魂のふかいところへ

鈴木七沖
Naoki Suzuki

きれい・ねっと

生まれてからずっと歩いてきて
歩いて、歩いて、最期にこのカラダを脱ぐとき
残っているのは、歩いてきたという体験だけだよ。

わたしは、ずっと違和感がありました。
この世界に生まれて、歳を重ねていくごとに
どうして不必要な寂しさや虚しさを伴わせる人が多いのか。

わたしは、ずっと違和感がありました。
愛が大切、平和が大切とだれもが言うのに
どうして命を奪うほどの争いが、いつまでも絶えないのか。

もっと人生を楽しく、豊かに生きていくための方法を
まるで旅路を味わうように感じるのが
「人生」そのものだと気づいたとき……想ったのです。

意識を降ろしていこう。
「魂のふかいところ」へ、そっと踏みこんでみよう、と。

ふかく、ふかく

わたしがわたしで　いるために
たしかなことって　あるかしら

あなたがあなたで　いるために
たしかなことって　あるかしら

世界が世界で　あるために
何をかくにん　いたしましょう
何をかくにん　いたしましょう

風がふく、ふく　風がふく
わたしの　しらないところから
あなたの　しらないところへと

見えないけれど　感じるままに

だから今日は何もせず
ふかく、ふかく
感じる果ての　とおいばしょ

世界さん、こんにちは
わたしは　今　こちらにいます

はじめに

ふかく潜《くぐ》ると人生は豊かになっていく

歳を重ねていくことで、「**人間**」というものが、もっとおもしろく感じるようになりました。苦しんだり、悩んだり、怒ったり、笑ったり、楽しんだり……とても忙しい。まったく、やっかいながら、じつにおもしろい生きものです。

そんな書き出しで本書をはじめるわたしも、もちろん「**人間**」です（笑）。

２０２４年の5月で還暦をむかえました。

少々変わり者なのか、幼い頃から歳をとることが楽しみでしかたなかったわたしは、10代の頃は早く20代に、20代になると30代に、30代になると40代に……と望んできました。そして、そんな調子のまま、いよいよ60代に突入したのです。

喜怒哀楽をむき出しにしながら生きてきました。恥ずかしいことも、いっぱい体験しました。ウソもたくさんついたし、人を悲しませたことだってあります。

実際の話……年齢を重ねていくことは、すなわち、つらいことがふえていくことでもあります。

まだ五十肩の後遺症が残っているので腕をまわすと肩がいたいです。歯ぐきからちょっと血が出ることもふえてきました。たまに深夜まで起きてしまうと、翌日はしんどさがなかなか抜けません。髪の毛は……これは昔からないので、たいした変化はありませんね。幸いなことに……。

ずいぶん代謝もわるくなってきましたから、ダイエットを試みても体重の減り方がゆっくりです。還暦の記念としてホノルルマラソンにチャレンジする予定ですが（本書が形になる頃には終わっています）、トレーニングにいそしんでも翌日に疲れがのこること、しばしばです。

「ああ、オレのカラダも変わってきたなぁ」

ふと、そんな想いがよぎることが日常的になりました。

生きてきた体験を〝経験〟に変えよう

加齢には、もちろんマイナスな面だってたくさんあります。先に書いたように、生きてゆくということは、たくさんのつらいことも伴いますからね。

でも「人生」というひとときを、たとえば1本の映画作品に見立ててみるなら、次々に展開される場面をどうとらえるか、どう解釈するかによって、全体的な意味合いまでも変わっていくものです。さらには、見る側の心もちによって、作品の見方が変化することだってあるでしょう。

「ああ、あの登場人物の役割って、こういうことだったのか」
「あのセリフの意味って、この場面があって生かされるのか」
「あの場面展開って、この未来とつながっていくから必要だったんだ」

これって、人の一生にも同じことがあてはまる気がしませんか。

「人生を楽しめるかどうか？」……これは、地位や名誉があるとかないとか、大金をもっているとかいないとかいったことよりも、まずは「人生」そのものをどうとらえ、どう受けとめているかによると思うのです。

つまり、「歳をとる（重ねていく）」ということは、ただ老いてゆくことではなく、**思慮ぶかくなって心もちをふかめていくことなのだ**、とわたしは思うのです。

"生きてきた体験"

そう。それが活かせるかどうか。人生を生きてきたという体験が、人間一人ひとりの経験をふかめ、そのふかさがたくさんの人生の楽しみ方を生むのではないでしょうか。

「体験」と「経験」はちがいます。

「体験」とは、実際に行動したこと、見たり聞いたりしたこと……それらによって、得た知識や技術をいいます。わたしは30年近く、雑誌や本を「編集する」体験をしてきました。知識や技術は、それなりに習得しています。だから多くの人にとってむずかしく感じられるであろう本の編集も、なんの苦もなくつづけられます。

いっぽう「**経験**」とは、実際に行動したうえで知識や技術を「**身につけること**」を意味します。身につけることで、それを応用することだってできるでしょう。わたしの場合、「**編集するスキル**」が知識や技術としてあるので、その経験を活かして場づくりや、人と人をつなげるきっかけづくり、新しいアイデアを具現化したりすることに、その力をつかっています。

「編集」＝あるものとあるものを組み合わせることで、新しい価値やメッセージを生みだす

経験値によって、そのような応用力が身につきました。

体験を経験に変え、編集力を身につけたおかげで、この人生を構成している「しくみ」がわかったし、人生を楽しむコツもわかってきました。

本書では、わたしが知りえた人生の楽しみ方のコツも、少しばかり書いてみた

いと思います。

わたしが**「歳を重ねていくことはたくさんの楽しみを生む」**と書いた答えの根幹には、そのような考えがあるからです。「経験」をもとに人生そのものを**編集思考**でとらえていくなら、まるで映画を楽しむように人生と向き合えるのではないか。

ところが、どれだけの人たちが、人生の体験を経験に変え、それを活かしているでしょう。そう考えると自戒をこめて、いささか「?」が湧いてきます。

くり返しますが、確かにカラダはおとろえます。不具合だって、いっぱい出てくるでしょう。でも、体験を経験に変え、それを応用しながら人生に活かすためには、体力の衰えやシワや薄毛や中年太りは、しごく表面的なことなのです。

まずは、そこに気づいてください。そして、できるだけ表面的なことにはとらわれないようにしてほしいのです。

真理は表面ではなく、**もっとふかいところ**にあります。

「感性」とは数値化できない量のこと

わたしが本書を通して、できるかぎり多くの人たちと共有したいのは、できていたことができなくなったとなげくのではなく、もっと自分の経験値を活用しながら、生きていれば生きているだけ**人生が豊かになる心のもち方**です。

もっと、ご自分の「感性」をみがいて、**日々の瞬間瞬間をていねいにすごし、1日1日を、まるで燃え尽きるように生きることができれば**、過去の後悔も、未来への不安も、かなり軽減されることをわたしは体験を通して知っています。人間は、妙に想像力が発達しているので、今起きてもいないことにネガティブな想像を働かせてしまうクセがあるのです。

わたしたちが、はっきりと知ることができるのは、二度とやってこない**〝今〟この瞬間**が連続的に起こって明日になる……ということにほかなりません。そして「感性」を思う存分に活用しながら、**「魂のふかいところ」**へと潜っていけることと、です。

高校生の頃、はじめてふれた「**論語**」。中国の春秋時代の哲学者で「儒教」の開祖でもある孔子さんが語った言葉を弟子の皆さんがまとめたものです。彼の死後、400年もの時間をかけて編纂《へんさん》されました。

そのなかの「**為政第二**《いせい》」という篇に、わたしが大好きなくだりがあります。その言葉と出合ってから、先にも書きましたが、歳を重ねることが楽しみでしかたなくなったのです。そこには、孔子さんの人生哲学がこめられていました。

子《し》曰く、
吾十有五にして学に志す。
三十にして立つ。
四十にして惑わず。
五十にして天命を知る。
六十にして耳順《したが》う。
七十にして心の欲する所に従って、矩《のり》を踰《こ》えず

孔先生がおっしゃった、
わたしは15歳で国に仕えるためのより専門的な学問を志した。
30歳で専門の学問を確立した。
40歳でものの道理がわかって迷わなくなった。
50歳にして天が自分に使命（生きる意味）を与え、
何をするべきか理解するようになった。
60歳で人の言葉を素直に聞き、すらすらと理解できるようになり、
70歳に至っては、心の思うがままに行動しても、
決して道理を外すことがなくなった。

勉強ぎらいだった17歳のわたしには、孔子さんのような学を志す気もちはありませんでした。ただ、10歳ずつ歳を重ねるたびに紡がれるまぶしいくらいの人生哲学が、とても神々《こうごう》しく輝き、そして豊かに思えたのです。

まだわたしが10代だった頃、まわりにいた大人たちで、孔子さんのように人生を謳歌《おうか》できている人を見たことがありませんでした。

「人生って、生きていくことで、心の豊かさを手にいれられるんだよ」

ニヤッと笑っている孔子さんの顔が浮かびました。そして、学校の先生や、どんな大人よりも、素直に孔子さんが尊敬できたのでした。

自分もそうやって歳を重ねたい……高校生の頃からずっとその思いは変わりません。わたしが孔子さんにほれこんだ理由です。

孔子さんは70歳を超えた晩年、自らの人生をふり返ったときに、「為政第二」篇のなかで先の言葉を残したと伝えられています。今から3000年近く前の時代にもかかわらず、そのような**人生の真理**に至った孔子さんの最大の秘密は、**いくつになっても豊かな感性をもちつづけたこと**……だとわたしは思うのです。

感性こそが、真理に向かうための道筋をつくるのではないか、と。

感性をもって、この世界を感じ取ったからこそ、人生そのものがいったいなんなのかを彼は語り、そこに真理を見出せたからこそ、弟子たちは孔子さんの言葉を紡いで残し、それを目にしたわたしたちもゆるがない真理を感じたからこそ、現世の今まで語り継いできたのではないでしょうか。

ある日のこと。わたしが書いたSNSの記事に、尊敬する編集者・石原正康さんがコメントをくださいました。彼は、多くの作家たちと後世に残る作品をたくさん編んできた仕事師であり、わたしがあこがれる数少ない編集者のおひとりです。

20代の未来の著者とのランチ体験に絡めて、**「感性」とは若い世代の特権ではなく、いくつになっても育てるものだ**……わたしの記事に反応してのコメントをくださったのでした。そこにはひと言、こう書かれてありました。

「感性とは真理に向かうベクトルです。もっているか、そうでないかは、年齢に関係ありません」

一瞬にして心に突き刺さる、珠玉の言葉だとうなずきました。
「感性」とは、形で表現できるものではないし、なんとなく大切なものとはわかっていても、実態がよくつかめないから自分ごとに思えなかったりします。
日常生活のなかでも、そんなに意識されませんよね。ほとんど無自覚的に使われていたり、人によっては退化していたりする場合もあるでしょう。

石原さんが使った**「真理に向かうベクトル」**の〝**ベクトル**〟とは、量の大きさとか方向性のことです。わたしはその表現に惹《ひ》かれました。そうなんです。**「感性」**とは、若さを保つために必要なものではなく、老いに抵抗するためにあるわけでもなく、ただただ、**真理に向かうためのベクトル**なんだ、と。

「エネルギー」ともいえるかもしれませんね。**「感性＝エネルギー」**それも**「真理に向かうエネルギー」**のことだなんて、ちょっと素敵だと思いませんか？

より人生を豊かにするために潜ること

本書のタイトルにも掲げた「魂のふかいところ」とは、そんな「感性」とも大きく関係しています。年齢を重ねるごとに人生が豊かになるために、わたしたちができることってなんなのか？　「感性」にこそヒントがあると感じました。

この本のテーマは「感性」です。そんな感性をもって、魂のふかいところを旅していただきたい。そのための「7つの心得（センス）」を用意しました。

では、「魂」とはなんなのか？　これも目には見えないし、そもそもあるのか、ないのかすらわからない。そんな不確かなものばかりを集めてみたのも本書の特徴といえるでしょう。

わたしたちは、たくさんのものを求めてきました。

特に自分にないもの……人様がもっているものをうらやましがり、それを手にいれるための労働にもたくさんの時間を割いてきました。外へ、外へと向かうエネルギーは、ハンパなくあふれていたし、そのエネルギーが多くのものを生み出し、目に見えるものが、どんどんふえていきました。

ところが今、わたしたちの〝意識〟は、外側へと向かうよりも、内側へと向かうこと……ふかく、ふかく、潜ることを欲しているのではないだろうか……そのようなことをわたしは感じます。もっと奥の奥にある、言葉にもできないような感覚を味わうことで見えてくるもの。

静けさをともなう、穏やかなところへ。
老いることにあらがわず。
答えはすべて、わたしのなかにあるようです。

鈴木七沖

魂のふかいところへ　目次

第1のセンス 「わたし」とは「無」である

第4のセンス　「人生のしくみ」を理解しながら生きる

プロローグ

「魂」を感じるための7つの心得

本書のタイトルにもある「魂」そのものを感じていただくために、「**7つの心得**」を記しておきます。本書の核であり、わたしがもっとも大切にしてきたことです。

もし、読みながら気になる項目があれば、ご自分の暮らしのなかに取り入れてみてください。最低でも半月から1か月、そのことに思いをはせながらすごしてみると、今まで気づかなかった〝**感覚**〟に出合えるはずです。

「魂」そのもの自体があるのか、ないのかという議論より、**わたし自身と、わたしとつながっているこの世界の両方**を読み解くためにも、「魂」というキーワードが必要でした。なので、わたしは「はじめに」でも書いたように、「**魂＝エネルギー**」と解釈して、それを**感じるための「心得」**を大切にしています。

①「無」であることを知る
②「五感＋第六感」を養う
③人生の「師匠」と出会う
④「人生のしくみ」を理解する
⑤「セルフケア」を大切にする
⑥「編集力」を身につける
⑦「人生＝旅」を愉しむ

①「無」であることを知る

前著『情報断食』でもふれましたが、ギリシア時代の哲学者アリストテレスが残した**「自然は真空をきらう」**という言葉……この自然界には様々な真理や法則が存在しますが、「真空をきらう」もそのひとつです。

真空状態になったところへ、必ずなにかを入れようと作用する**自然の摂理**。食べものの断食を体験すると直感力がさえるように、情報を断つことによって、自分に必要な情報がやってくるのは、10年にもおよぶ「情報断食」（テレビを見ない・新聞を読まない・ネットサーフィンをしない・スマホに依存しないということ。詳しくは拙著をお読みください）で実感しています。あのときの体験で得られたことは、その後の人生の大切な核になっています。

ただし、**「空」と「無」**では真の意味合いが違います。日本でもっとも有名なお経「般若心経《はんにゃしんぎょう》」の世界観では、「空」や「無」という言葉が多用されています。

「空」とは「なにもない」意味ですが、ここでいうそれは固定的に存在するものがないことを示していて、すべては縁《えにし》によって成り立っていると説きます。

それに対して「無」は、執着する自我の存在の有りようと対極に説かれます。固執しないこと、とらわれないこと。そのような意味合いを含んでいます。

②「五感＋第六感」を養う

「五感＋第六感」の大切さを、わたしたちは日常的にほとんど教えられませんし、意識して養うこともしません。ところが、より自分らしく在る、自分らしく生きるためには、それらの〝**感性**〟をしっかり意識し、定期的にメンテナンスもしながら、さびつかないように育てることが、とても重要です。

わたし自身が「わたし」という存在と折り合いをつけるためにも〝**感性**〟はなくてはならないこと。〝感性〟とは、まるで**感覚を伝える神経のような存在**なのです。

視る、聴く、嗅ぐ、味わう、さわる、ひらめく……それらの感覚を察知する〝**感性**〟をとおすことで、わたしたちは、この世界や社会が、どのような場所なのかを感じ、自分なりのビジョンやイメージを構築します。

たとえば、10人いて、10人共がそれぞれの世界や社会を感じ、そのどれもがまったくちがったイメージになることをとってみても、「世界」がひとつではないことがわかります。謎かけみたいな問答ですが、「世界」はたったひとつしかないにもかかわらず、わたしたちが感じている「世界」は人それぞれなのです。

③人生の「師匠」と出会う

自分の人生の主役は自分。考え、選択し、感性を駆使して自分なりの人生を歩いていきます（わたしは「人生＝旅」だととらえています）。

ところが、人間は自分の感性だけで生きていくことはできません。それが「人間」のおもしろいところであり、ほかの動物とはちがうところでしょう。人や組織・団体、地域など、必ずなにかとかかわり合いをもちます。そして、いろいろなものごとに影響を受けながら生きていくのです。

「守破離《しゅはり》」という言葉があります。これは、茶道や武道などの芸道において、物事を学びはじめてから独り立ちしていくまでの段階をあらわす言葉として使われます。

これは芸道にかぎらず、ごく日常的なことにもあてはまるものです。だれかと出会い、その人の生き方や在り方に影響を受ける。言葉づかいや考え方、ちょっとした仕草や動作にも関心をもつでしょう。それをマネながら自分のものにしようと試みるのが「師匠」という存在です。

自分をふかいところからみがくためにも重要な存在だと思っています。

④「人生のしくみ」を理解する

すべての物事に「しくみ」があります。それを理解することは、物事がどうやって成り立っているかを知ることであり、構成する〝素材〟一つひとつの存在理由を知ることにもつながります。

一見、いろいろなことが入り組んでいるように思える「人生」ですが、人生にもゆるがない「しくみ」があります。それは、ある意味、法則的に動いているといっても過言ではありません。それを理解することで、より**人生＝旅**も愉しめます。

孔子さんが残した言葉集「論語」が好きなことは「はじめに」でもふれました。

「しくみ」を知って気もちよく生きるために、まずは「宿命」と「運命」を理解しました。そのちがいがなんなのか、いちばん理解したいところです。そして、自分なりに「人生の8つのしくみ」をまとめてみました。ほんとうは、もっとあるのかもしれませんが、大別するとその8つのどれかにあてはまると思うのです。

⑤「セルフケア」を大切にする

ご両親あって生まれたカラダには、数えきれないほどの人たち（先祖）の営みが遺伝子（DNA）によって受け継がれています。

そこに「魂＝エネルギー」が宿ることで、わたしたちの「生きる」がはじまり、「五感＋第六感」というセンサーも発動して、表現の根っこになる「心」が育っていく……これこそ、わたしが本書で説いている人間のしくみです。

わたしたちのカラダは、それらが健康的に、しっかり作動するための、とても大切な「場」となります。だからこそ人任せにせず、自分で自分の健康を守る「セルフケア」という考え方が大事になってきます。

まずは、何を食べるか。食べたものがカラダに反映されます。「カラダは半年前に食べたものでできている」そうですが、それくらい関係している食べるものへの意識は大事です。

そして**「運動すること」**。昔の人と比べて現代人は圧倒的に運動量が減っています。そのひずみは年齢を重ねるごとに影響してきて、健康を害する原因にもなるでしょう。セルフケアは、今の自分自身を知るためにも役立ちます。

⑥「編集力」を身につける

本を編む仕事に就いて、早4半世紀が経ちました。その間にもっとも学ばせていただいたのが**「編集」**という考え方です。ある人の定義に賛同してわたしも活用していますが、それは**「あるものと、あるものを組み合わせることによって、新しい価値やメッセージを生みだす」**という言葉です。

そうやって、わたしたちの身近にあるものを眺めてみると、けっこう「編集力」によって生まれたものがたくさんあります。もっとも身近なのは、わたしたちが日常的に使っている日本語。中国から入ってきた漢字にひらがなや片仮名を組み合わせることで構成されています。そこに和製英語の言葉が加わったり、方言による音のちがいも生じたりして、日本独特の言語が生まれているのです。

そのほか、様々な技術の分野でも、海外で生まれた1の技術を、5にしたり、10にしたりするのは、わたしたちの国の得意なスキルといえるでしょう。つまり、わたしたちはとても編集的な特性をもった国民性である……わたしは、それこそが強みになっている、とさえ思っています。

⑦「人生＝旅」を愉しむ

「7つの心得」の①〜⑥を理解したあとは、それらを手にしながら、まるで人生を旅するように愉しむことが大切です。もちろん、人生には山あり谷あり、けっして嬉しいことばかりは起きません。それでも愉しむ感性をもつのです。

「魂を感じる」ということは、わたしは**「俯瞰《ふかん》する目をもつ」**ことだと考えています。俯瞰するとは、つまり物事を離れて見ることができるようになること。自分自身を知り、感性を知り、人を見る目をもちながら自分のことも見つめて、あふれる新鮮な感覚で人生という「道」をながめる……。

なぜ、それが起きるのか？　どうしてなのか？　それらを客観的に見つめながら、人生の歩き方を自分で設計していくのです。それができるようになるためにも、ある程度の体験……すなわち年齢を重ねていくことが、逆に近道となります。

与えられた環境、与えられた状況をいかに編集していくのか。

愉しめるか、愉しめないか……それさえもあなた自身の感性によるわけです。

そして、それら、すべてが「魂」そのものを育てるエッセンスとなるのです。

第1のセンス

「わたし」は「無」である

「わたし」とはだれなのか？
人生で一度くらいは
考えたことがあるでしょう
どうやってつくられているのか
どこからやってきて
いったいどこにいくのか
まずはそんな問いにふれてみます

「わたし」はだれですか？

はじめて「考える」ということを体験したのは、いつだったか覚えていますか？

いったい、いつから思いをめぐらせはじめたのか？

「あれ？　目の前にいるこの人たちって、だれなんだろう？」

親やきょうだいのことを意識しはじめたとき……それは「自分」と「他者」のちがいを考えた瞬間に起きる**気もちの〝波〟**のようなものかもしれません。


それまでは「自分」という認識もなければ、「自分とはちがう人」という区別もない……世界のすべてが「ひとつ」……いや、そんな気もちすら起きていない状態だったと思います。自覚すらなく、**ただ在ること**――がすべての世界観でした。

ただ在る……「もし、宇宙が静寂さを保っている秘訣は？」と質問されたら、わたしはこの答えを用意するでしょう。それは、わたしたちの心の世界を飛び越えて、もっとふかく、**魂のふかいところ**と似ているように感じます。そこでは、**「ただ在ること」**が存在しているだけで、良いも悪いもありません。

静寂さがすべての事柄をつなぎ合わせています。

そこに喜怒哀楽から生じる**「感情」**を発生させているのは、まぎれもなく〝わたしたち自身〟にほかなりません。

赤ちゃんは、〝感情〟がどうやって起きるのか、とても曖昧《あいまい》なところから発達をはじめていくことがわかっています。

たとえば、赤ちゃんが、じっと自分の両手や指先をながめるしぐさを見たことはありませんか。あれは自分のカラダに対する認識行動といわれるもので、今まで気にもしていなかった「これ（手や指）」がなんなのか、と疑問がわいてくることから起こる動作です。

「これ（手や指）って、なんなんだろう？　どうしてここにあるんだろう？」

「自分」という自覚が乏しいので、だんだんと芽生えてきた「**認識する**」という気もちが、「？」となってあらわれます。見るもの、聞くもの、さわるものすべてがふしぎに思えるときです。

また赤ちゃんは、指しゃぶりをしながら自分自身を確認・認識する行動もします。

わたしも父親になった数か月後、息子がこの行動をしているのを見て、最初はおっぱいを吸うときの安心感を指しゃぶりで満たしているのかな、と思っていました。ところが、赤児の心理学に関する書籍にふれて、それが自分を認識するためのものだと知っておどろきました。

息子は今、自分が自分であることを確認しているのか……。

日常のいろいろな場面で自分自身を見ることも、自分と他者がちがうことを知るきっかけを生みます。たとえば、鏡に映った人が実際の人間ではなく、なにかが映っているのだということも、じつは、映っているそれが他人ではなく自分だということも2歳くらいになるとわかってきます。

自分自身の認識力が発達してくると、やがては「**自我の芽生え**」につながっていきます。自分と他者のちがいがわかってくるのです。

そして歩くようになり、外の環境にふれて様々な体験を重ねてゆくと、だれが行動しているのか……それが「自分自身」であることもわかってきます。同時に、**「自分と他者はちがう人間なのだ」**ということも理解できるようになるでしょう。

そのようなことがわかってくる年齢になると（およそ3歳から）、自我の発達はいちじるしくなり、**自分の世界観**が形成しはじめます。それは家庭だけにいて味わえた、ごく小さな環境から、幼稚園や保育園、小学校や塾などに通いはじめたあたりから、少しずつかかわりがふえていくことと比例していきます。

外環境との接触がふえればふえるほど、それが刺激となって自我を育てます。

幼児期の家庭環境がとても大切なことは明確になっています。

できるかぎり「安心・安全」な場所で過ごす……なにをもって安心で安全といえるのかは、**その子の感性の違い**によって定義はむずかしいかもしれません。

ただ静かであればいい、というものでもありません。たとえ雑然とした、カオスのような環境だとしても、その子にとっての安全性が確保されているなら問題ないと思います。そのような環境のほうが精神的な安定が保てる子もいるのです。

それよりも、人と人との気もちが通じ合うような場面がどれくらいあるのか。そのほうが重要ですよね。心とは、他者の心とのふれあいによって、どれくらい育つのかが決まるのですから。

もちろん、置かれた環境のちがいも大切な要素ですが、幼児期にどれくらい人と接し、どれくらい心が育ったのかのほうが重要でしょう。

それは、「感性」にも影響します。

「わたし」がだれなのかは、外環境や他者の存在によって疑問が育ったり、明確になったりするものです。つまりは、**「わたし」だけの存在では「わたし」が何者かがわからない**……そこが大切なポイントです。

それこそが「わたし」自身を知るための、とても大きな源泉になることをいつも忘れないでください。自分が何者かである前に、**〝ちがう〟**という境界線が存在するのです。

わたしたちが肉体をもった**〝旅〟**を終えるとき、まるでナビゲーションが最終ポイントを示すように、終えるという現象が、「わたし」が「わたし」であることに、あらためて気づかせてくれる瞬間を生みます。

そのとき、わたしたちは外環境や他者との境界線を再認識したうえで、それがなんのために存在していたのかを知ります。

そして、あえて**〝分かれていたこと〟**の真意に気づかされます。

それこそが、人生という学びのおもしろいところのひとつ……なのです。

ありのままではいられない理由

人は、いよいよ自分でも肉体から離れる瞬間がわかったとき、**「自分らしさ＝ありのまま」**のほんとうの意味を知るようです。

どうやらそれは、たとえば医者から余命宣告をつげられたようなときに起こるのではなく、**「時計の時間」**と**「自分のいのちの時間」**が別々に流れていることに気がついたとき、ふとわかるものだ……と、ある人から聞いたことがありました。長い時を経てやっとわかった、と。心臓の鼓動は秒針と同じだったんだ、と。

別々に流れているって、どういうことなんだろうか……。若かった時代のわたしは、もっと話を聞いてみたかったのですが、その人は、わたしに話してくれた翌週末の明け方、息を引きとられてしまいました。

ほとんどの人は、人生の大半を**「時計の時間」**で過ごします。

時計の時間に合わせて暮らしのリズムをつくらなければならなくなってから（主に幼稚園や小学校に入学して自分の世界が広がりはじめてから）、わたしたちは少しずつ、それがあたりまえだと思うようになっていきます。

「○時になったから、○○○をしなければならない」

「○時になったから、○○○へ行かなければならない」

日常のなかで、いろいろな人と出会って、いろいろな交流を体験しながら、わたしたちは自分と他者のちがいを認識していくと書きましたが、ちがいがわかりはじめたほぼ同時期から、今度は**「時間」の概念**にしばられるようになります。

「時《とき》」という制約のなかで、日常の大半を「時計の時間」に合わせなければならなくなるのです。


日本で起きている孤独死の平均年齢は62歳といわれています。本書を執筆している現在、企業の定年年齢が60歳なので、孤独死の平均年齢は定年を過ぎた年齢層に多いことがわかります。

わたし自身も体験したことがあります。53歳で属していた会社から独立したのですが、しばらくのあいだ……たとえば平日のカフェで、ゆったり気分でコーヒーを飲んでいるときに、ふと、

「こんなにのんびりとカフェでコーヒーを飲んでいてもいいのかなぁ?」

別に何時になにをしていてもかまわない環境にいるにもかかわらず、何年も、何十年も**時計の時間に合わせて生活をしていた**ので、そこから外れた自分に違和感がわいてくるのです。罪悪感すら覚えるときもありました。

集団から離れて1人でやっていくことの不安もあったのでしょう。自分のペースがつかめるようになるまで時間との向き合い方には注意をはらいました。

本の編集の仕事は比較的、集団行動よりも単独プレイが多いので、独立後に感じた違和感は数か月で消えました。ところが、わたしとちがって団体行動が多い職種や、チームプレイが重要な職業によっては、1日の予定のほとんどが「時計の時間」で動いていた人も少なくありません。

「この時間になったら外に行く」
「この時間になったら食事をする」
「この時間になったら休憩でトイレに行く」

仮に、何十年にもわたって、そのような〝時計の時間〟に合わせた日常計画に沿って生きてきた人にとっては、定年後にやってくる時間の自由度は、まるで糸が切れてしまった凧《たこ》のように、いったいなにをすればいいのか、どこに向かっていけばいいのか、わからない気もちを生むのかもしれません。

特に男性の場合、人付き合いの大半が会社内もしくは仕事関係者になってしまっていることが多いので、それらの付き合いがまったくなくなった瞬間から、自分自身が何者なのかがわからなくなってくるようなのです。

それまでは、肩書きや役職が「わたし」を表現していました。

「わたしが何者なのか？」それを他者に知ってもらうために、もっともわかりやすかったのが、自分が所属している会社や団体のなかでの自分の役割でした。

職場から自宅に戻っても、なかなか昼間の役割から抜けきれない人も多いと思います。それはそうでしょう。考えてみてください。

毎日毎日、何十年も同じ時間のサイクルで仕事をしていくなかで、職場での人格をつくっていくなかで、本来の自分自身を意識して仕事とプライベートをきっちり分けられる人の割合は、そんなに多くはありません。

何者かになることが、集団に属している安心感を生んでいることもあるでしょう。

終末医療に携わる人たちの本を日米にわたって編集したとき、国や環境がちがっても、人間の最期には共通するものがあることを知りました。

間もなく「死」をむかえる場面で、大半の人が、後悔しながらその瞬間をむかえるというのです。多くは仕事ばかりをしてきた自分に、家族とのひとときをかえりみなかった自分に、ほんとうにやりたかったことやほんとうに望んでいたことに目を向けられなかった自分に……後悔の気もちが湧いてくるのです。

どうして人は、ありのままの自分でいられないのでしょうか？
どうして人は、何者かになろうとしてしまうのでしょうか？

人生の最期になって、〝**旅**〟が終わろうとする瞬間になって、人はようやく自分なりの道を歩いてきた「わたし」を見ることができます。自分が何者になっていたのかを、自分自身で見つめる時間がくるのです。

「自分のいのちの時間」とは、一人ひとり、その人だけの時を刻みます。
母親のカラダから生まれた瞬間、そしていつか肉体を離れる瞬間まで、**その人だけの時間**が動きはじめるのです。そのことをわたしたちは忘れてしまうし、日常的に意識することなんてないのがほとんどです。

なにかとかかわり合いながら生きていくなかで、そのような時間よりも「時計の時間」が自分と他者、自分と社会が関係していくためのつなぎ役になるのですから、どうしても、そこに合わせて生きていくことになってしまうのです。

ところが、人生が終わろうとする、まさにそのことを意識したとき、我にかえるような心もちで、その旅がどんな旅だったのか、その旅の主役である「わたし」がどのように生きてきたのかに思いをはせるときに気づくのです。

「いったいどれだけ自分らしく生きてきたのだろうか?」

どれほど社会的に成功した人でも、死をむかえる間際になると、残したお金も得られた地位や名誉も一緒にもっていくことなどできないことを理解します。

「ああ……そうか……生きてきたという〝**体験**〟しかもっていけないんだ……」

ありのままでいられなかった理由は、いったいなんだったのか?

〝体験〟という、唯一もっていけるものに、どれだけ自分が思いをこめてきたのかということ。それは、自発的に動いたことだったのか。それともだれかに指示されて本意とはちがった動きだったのか。

つまり、**「思いの根っこ」**を自分で確認する時間がくるのです。

「わたし」と「わたし」だけが向き合う時間……それは**「自分のいのちの時間」**でもあります。どれだけ素直に、真摯《しんし》に、その時間と向き合ってきたか。詳しくは「第4のセンス」（P134）の**「人生のしくみ」**に書いておきました。

自分で決めてきたこと、約束してきたこと……それを、どれだけ実行できたのか。そのすり合わせができるのも最期の時間なのです。

近年、人生100年時代といわれながらも、晩年の数年いや数十年を寝たきりですごすという人も多いようです。現代医療の技術や医薬品の開発によって、科学的に延命できるようにもなりましたが、「いのちの時間」の終わりを人の手で操作するなんて、もってのほかだとわたしは思います。

最期の時間に必要なのは、**静寂の時間と空間**なのです。

「わたし」と「世界」の存在

1987年の下期、作家の池澤夏樹さんが書かれた『スティル・ライフ』という小説が芥川賞を受賞しました。当時、わたしは23歳。大学と服飾の専門学校を卒業したのち1年間だけパターンメイキングの教室に通ってから、念願のパタンナーという職業に就きました。ちょうどその頃のことでした（※パタンナーとは、ファッションデザイナーが描いた絵を洋服に仕上げるための設計図を描く職業のことです）。

染色工場のアルバイトをしていた「ぼく」が、同僚の佐々井からある頼まれごとをされ、数週間の同居生活をすることで湧いた感情が物語の軸になっています。物語の全体は、すでに忘れてしまっているものの、この小説の冒頭部分がとても印象的で、今でも記憶に残っています。

以下のような「言葉の組み合わせ」から物語ははじまります。引用します。

この世界がきみのために存在すると思ってはいけない。

世界はきみを入れる容器ではない。


世界ときみは、二本の木が並んで立つように、どちらも寄りかかることなく、それぞれまっすぐ立っている。

きみは自分のそばに世界という立派な木があることを知っている。

それを喜んでいる。

世界の方はあまりきみのことを考えていないかもしれない。


でも、外に立つ世界とは別に、きみの中にも、一つの世界がある。

きみは自分の内部の広大な薄明の世界を想像してみることができる。

きみの意識は二つの世界の境界の上にいる。


大事なのは、山脈や、人や、染色工場や、セミ時雨などからなる外の世界と、

きみの中にある広い世界との間に連絡をつけること、
一歩の距離をおいて並び立つ二つの世界の呼応と調和をはかることだ。
たとえば、星を見るとかして。

二つの世界の呼応と調和がうまくいっていると、
毎日を過すのはずっと楽になる。
心の力をよけいなことに使う必要がなくなる。
水の味がわかり、人を怒らせることが少なくなる。
星を正しく見るのはむずかしいが、
上手になればそれだけの効果があがるだろう。
星ではなく、せせらぎや、セミ時雨でもいいのだけれども。

『スティル・ライフ』（池澤夏樹 著）より

「世界ときみは、二本の木が並んで立つように、どちらも寄りかかることなく、それぞれまっすぐ立っている」……この一文が、とてつもなく心にひびいて、ずっと考えていたのでした。世界とわたしが交わることはないのか……。

そもそも、世界のなかにわたしがいるのではなくて、世界は世界のままで、わたしにはわたしの世界が存在する……そういうことなのか。

当時のわたしは、切望していた職業に就けたよろこびと、反面、自分自身の技術力のなさに直面して、必死になって仕事をこなしている毎日でした。

「そうか。自分と世界が別々に存在するなんて、考えたこともなかったなぁ」

20代前半のわたしは、なにかに悩んでいたわけでもなく、かといって現状に満足していたわけでもなく、夢は叶ったものの、学生だったときのような高みをめざすエネルギーより、なんとか日々直面する穴ボコのようなものを、ただ埋めていた気がしていたのでした。なりたい自分をめざす自分に酔っていたのかもしれません。

この焦燥感って、いったいなんなのだろう？

それから1年半あまり経ったある日、わたしはあっさり仕事を辞めていました。あんなに願って手に入れた仕事だったのに、けっこう冷静な気もちで職場を去りました。けっして小説のせいにするわけではありませんが、『スティル・ライフ』の冒頭は、けっこうなインパクトで、その後、転がり続ける30代前半までのわたしの人生につながっていくのです。

「オレは、自分の世界をもっているのだろうか？」

大学に通いながらパターンメイキングの技術を取得しようと悪戦苦闘に生きる自分を、ずっと客観的に見ている自分がいました。言い方を変えるなら、自分を判断している自分がいたのです。

あの目線は、いったいなんだったのか？　わたしを見ている「わたしの目線」とは別に、外環境や他者からの視点という目線も存在します。ただ、その目線を「別の目線だ」と判断しているのも「わたし自身」だというカラクリは、もっと先になってからわかるようになります。

「意識」とは、ものすごく複雑な構造をしていそうだ。

何層にも分かれているのに、すべてはしっかりつながっている。

どれが、ほんとうなのだろうか。どこの意識が自分の意識なのか。

20代の頃の「わたし」には、まったくわかりませんでした。

ただ、時を経て人生の年月を重ねていったとき、その複雑さがじつはおどろくほどシンプルで、調和のとれたリズムを奏でていることがわかってきました。

カオスになった外側だけを見ていてもわからない……ということも。


ところが、「わたし」と「世界」が別々に存在することを知る前に、先に書いたような **「時計の時間」** が **〝ほんとうのわたし〟** を見えなくさせてしまうことも事実です。具体的にいうなら20代半ばあたりから60代くらいまで。けっこう長い時間です。大半の人たちが **〝ほんとうのわたし〟** から離れて生きる時間をすごすのです。

となると、「わたし」と「世界」の存在について考えるタイミングは、もっとあとになってからになる人が多いでしょう。もちろん、早くに自分の世界に気づき、「わたし」と「世界」とのバランスをうまく保てる人もいるでしょう。そうやって生きていける人も一定数は存在していると思います。

自分のリズムに気づけるかどうか、自分の歩幅を決められるかどうかは、とても重要なポイントです。

先に書いた孔子さんのような心境が年齢とともに理解できる人もいますが、なかなかどうして絶対数からすると、外界の「世界」に飲みこまれてしまう人が大半で、死をむかえる間際になって後悔の思いにさいなまれる人が圧倒的な数をしめることも書いたとおりです。「人生に後悔すること」は、けっしてわたしたちの国だけのことではなく、世界的なスタンダードになっているようです。

わたしが20代の頃、**「自分を探す旅」**に出る人が大勢いました。ここではないどこかに、ほんとうの自分がいて……。「ほんとうの〜」というのがミソです。**「ほん**

とうの自分」を生きていない気がして、では「ほんとうの自分」とは、いったいどんな自分なのか？　その答えを見出すために、カラダを他所に移動させるのです。

「個性的に生きる」というキーワードもありました。

今思えば、同じ人間なんて存在するわけでもなく、別に「個性」とあえてうたわなくても、みんなちがう人間同士です。ちがって当然ですし、ちがうからこそユニークなものが生まれるのです。

いったい、わたしは何者なのか？　「世界」と対比しながら人は生きています。「世界」とは、人間の集合体でもあるので、他人と対比しながら生きていくという構図が生まれます。でも、「世界」だってけっしてひとつではありません。

そんなことを考えていると、永遠に議論が尽きない気もしますが、ここで大切なのは**「わたしの世界が在る」**ということでしょう。

それが、どんな世界なのか？　あなたは、どう感じていますか？

その時々に現れてくる「わたし」の実態

息子を産んでくれた妻が肉体を離れたとき、自分のなかの**「父親」というアイデンティティ**がくずれました。「母親」役がいなくなったわけですから、どういうスタンスの自分でいればいいのかが、わからなくなったのです。

それまで36年間、生きてきたなかで、わたしの両親が、わたしにしてくれたことをなるべくていねいに思い出してみました。人間は、自分が体験したことの延長でしか自分ができることを判断しないものです。

たとえば、稚拙《ちせつ》な置き換えですが、生まれてから一度も「ラーメン」を食べたことのない人に「ラーメンって、どんな味がするの?」と訊ねても答えられないでしょう。それと同じです。体験していない人に体験した感想を聞いても、返す言葉に現実味はありません。

一度でも体験したなら、それが経験となって応用することもできます。そして、それを伝承することもできるでしょう。**すべては体験ありき**、だと思うのです。

わたしの父親は、自分の父親と会ったこともなければ、遊んだ記憶もない人でした。父親のなかに「お父さんと遊ぶ」という体験が1回もないまま、2人の息子の父親になったのです。

もともと毎日の帰宅が遅い父親だったので、1週間で会う時間はわずかでした。ところが、少ない時間のなかですら、わたしと一緒になって遊んだ記憶はほとんどありません。たいがい仕事に疲れて寝ていた姿ばかりが思い出されます。

余談ですが、わたしは自分の息子の前で、だらだらと寝たり、ごろごろしたりする姿を見せるのがキライでした。それはおそらく、父親がいつも寝ている姿を見るのが嫌だったというか、わたしと遊んだ記憶がないことへの反発だったような気がします。それも、わたしの勝手な〝父親像〟だったと今では思います。

では、わたし自身が息子と遊んでいたかというと、それがやはり、あまり遊んだ記憶がありません。というか、やっぱり遊び方や遊び心がわからなかったのだと思います。自分がほとんど遊んでもらえなかったから、それを実践に移すことができなかった。体験していないので、その方法がわからなかったのが正直なところです。

未熟な「父親一年生」をスタートさせたばかりの時期に「母親役」がいなくなったので途方に暮れました。

「男の子は、ある一時期を経るまでお母さん（母性）に甘える子が多い」

どうしたらいいのかほんとうにわからなくて、悩む時期がつづきました。人生の大きな選択ミスをしたこともあります。良かれと思って動いた結果、多くの人に迷惑をかけるようなこともたくさん起こりました。

父親役もまともにできなかったある日……はじまりは突然に起こりました。中学1年生の二学期から息子が学校に行かなくなったのです。

髪を赤く染め、タバコをくゆらせながら、反抗期の嵐は大変激しいものでした。

一見、豹変《ひょうへん》したようにこちらは思っていましたが、きっと息子からすれば、「父親はなにもわかっていない」と思っていたのでしょう。小学5年生の終わりあたりから爆発する中学1年生くらいまで、確かに、わたしは自分のことしか考えていなかったのだと思います。わたしのプライベートも慌ただしい時期でした。

親子で互いが苦しみましたし、悲しみました。想像できなかった息子の変容ぶりにわなわなとおののきながら、心の動揺が隠せない毎日……。昼間は昼間で働かなければなりません。その数年間、いったいどうやってすごしていたのか、どうやって生きていたのかさえ、詳細が思い出せないくらいです。

なにがいけなかったのか？　自分を責めながら、息子にも同様に苛立ちながら「このまま、どうなるんだろう」と心底、途方に暮れる日々でした。

自分が勝手に思い描いていた〝父親像〟など、がらがらと崩れ去ってしまい、親と子という関係性から見るのではなく、相手を一人の人間として見るように努めはじめたのは、彼が18歳のとき。

オーナーさんの都合からお借りしていた住まいを出なければならなくなったとき、息子から「一人暮らしをしたい」と申し出があったのでした。わたしも19歳から親元を離れていたので、「まぁ、1年早いけれど、いいか」と。

じつは内心はホッとしている自分もいました。もう、わたしにできることは彼を遠くからサポートすることしかないと感じていたので、彼の意見に同意しました。

彼が幼い頃のように、つたないながらも一緒に遊ぶことはありません。というか、もうあのときの2人には戻れないこともわかっていました。彼の成長のためにも受け入れよう……わたしにとっても子離れのいい機会です。お互いの荷物を分けて以降、彼と一緒に住むことはありませんでした。

急にふって湧いた息子の一人暮らしでしたが、その後、あの、嵐のような数年間を清算する、**気づきの出来事**が起きました。

「情報断食」をはじめてから約5年経ったある日のことです。わたしも久しぶりの一人暮らしを味わって1年あまりが経ったとき、とあるお寺が主催する瞑想会に参加したことがありました。

初秋の風に吹かれながら気もちも穏やかになっていたときのこと。目をつむって瞑想をしていると、心の奥のほうから言葉ではない感覚に近い感情が湧いてきました。

まるで、「わたし」を細かくしていくような、そして心が溶けていくような感覚におおわれたのでした。ふしぎな、永遠のような一瞬の感覚。

「息子と一緒にいるときの〝わたし〟」
「一人でいるときの〝わたし〟」
「職場にいるときの〝わたし〟」
「友人たちといるときの〝わたし〟」
「恋人といるときの〝わたし〟」

みんな違う「わたし」であり、でも「わたし」に違いない。

「あれ？　ということは……〝わたし〟を限定することなんて、できない話じゃないか。自分探しなんてやっても、見つかるわけがない。だって、その時々にたくさんの〝わたし〟が状況に合わせて出てくるんだから！」

一瞬のひらめきのような問答でした。

そのような感覚に意識がたどり着いたとき、**自分が〝無〟であること**を知りました。**「7つの心得」**でもふれたように、執着する自我がない状態が〝無〟だと思うのです。何者にもなれる自分。変幻自在に変化できる自分。まるで、環境によって姿形を変える水のように、わたしはいつでも変化できる存在なのです。

そのような一瞬の気づきが、その後の「わたし」の核になっていきました。

心理学の用語で「**ペルソナ**」という言葉があります。心理学者ユングが提唱したもので、個人が社会に適応するために用いる「**外向きの自分**」を意味します。どちらかといえば、〝別の顔をもつ〟みたいな意味合いで、肯定的なイメージの言葉ではない気がしていました。

でも、瞑想のときの一瞬の気づきで思ったのです。

〝わたし〟なんて限定できるものじゃないじゃないか、と。当然じゃないか。すべてがちがう自分であり、すべてが同じ自分じゃないか。

そもそもが「**無」であることを知ればいい**。もっと自由で、もっと気楽でいい。

そんな思いがあふれてきたのでした。

何者にもならない。何者かに限定しない。

人生でいちばん大切なことだと思っています。

なにも無い

なにも無いって　わるいことじゃない
なにも無いって　すてきなことだよね

たとえば　きみが真っ白いキャンバスなら
いまから　なにを描いてもいい

たとえば　きみが空っぽのコップなら
いまから　なにを入れてもいい

わたしたちはすぐ
描かなきゃいけないって
入れなきゃいけないって
想ってしまうけれど

まずは　なにも無いことが
どれだけ自由なことなんだって
はずかしいことじゃないんだって
知っておいたほうが　いい

なにも無いってことから　道ははじまる
知っておいたほうが　いい

第2のセンス

日常のなかで「五感＋第六感」を養う

「わたしの世界」の成り立ちは
感じることからはじまります
感じ方のちがいによって
あなたの見えるものや聞こえるものが
変わったり、決まったりします
〝感じることの大切さ〟を
日常のなかで意識してみましょう

重力と意識と肉体、そして魂

2020年の4月、おもしろいニュースを目にしました。

東京大学と理化学研究所が共同で行なった実験……地上452・6メートルの東京スカイツリー展望台と地上の標高差を利用して、**一般相対性理論**による**〝時の流れのちがい〟**を検証することに成功した――というのです。

稀《き》代《だい》の科学者アルベルト・アインシュタインが発表した一般相対性理論では、**重力を強く受ける場所ほど時間がゆっくりと流れる**ことが知られています。地球上では標高が低いほど重力が強くなり、逆に標高が高くなるほど重力が弱まるため、標高の異なる2点に正確な時計を置けば時間の進み方のちがいから標高差を測れる……というのです。

アインシュタインの「**相対性理論**」には2種類あるといわれています。それは

「特殊相対性理論」と「一般相対性理論」。なるべくむずかしくならないように説明すると……。

［特殊相対性理論］

静止している観測者から見ると、光速で移動している物体の時間はとまっている、という光速不変の原理を提唱している理論です。

その原理とは、光に近い速さで走るものの時間は外と比べて遅くなることを意味しています。たとえば、光の速さで進む宇宙船に乗った人は地球に戻ってきても年をとらない……つまり日本のおとぎ話「浦島太郎」のような現象が起こることをいいます。そのような映画もたくさんつくられました。ＳＦの古典的な作品「猿の惑星」でも同じようなシチュエーションが話の軸になっていましたね。

ただ、「特殊」という言葉がついているように、重力の影響を受けない状況下での理論なので、重力が発生する地球にはあてはまらないことも、この理論の特徴です。重力は、ものを地球などの中心に引きつけます。

［一般相対性理論］

重力は空間と時間をゆがめる……という重力の相対性を提唱している理論です。「特殊相対性理論」を発展させた理論で、**等価原理**を土台にした考え方のこと。**「どのような重力場でも、時空の任意の点のまわりでは、局所的に重力場を消すことができる」**

たとえば、地球の上空で落下している人がいたとして、その人とリンゴが同じような高さで落ちている場合、人とリンゴが、まるで宙に浮いているように見えるという現象があります。パラシュートが開く前の人が宙に浮いているように見える映像を見たことがあるでしょう。あのような現象のことです。

その人の近くでは、万有引力は**「なくなったよう」**に思えます。つまり「重力場を消すことができた」のです。

ところが、たとえ地上100メートルで無重力状態になっていても、もっと全体からすれば重力が消えているわけではなく、地上10メートルあたりになると確実に地面に向けて落下していくのがわかります。「等価原理」とは、そのような考え方のことで、だからこそ**「重力が時間と空間をゆがめる」**と表現したのでした。

東京スカイツリーで行われた実験では、誤差が300億年に1秒という超高精度時計**「光格子時計」**を使用して、高低差が約452・6メートルの東京スカイツリーの展望台と地上階の2か所で時間を計測し、高度によって流れる時間にちがいが生まれることが証明されたのでした。

計測によって明らかになった時間差は、10億分の4秒／1日。人間の感覚ではとても想像できないほどわずかな時間差です。ただし、この実験では、実際に時間差がどれくらいあるかということよりも、**差が存在していて実証できたことに意義がある**と伝えられていました。

わたしは物理学に詳しい人間ではありませんが、この実験の記事を読んで、ひとつの仮説が思い浮かびました。それは、本稿のはじめの部分でもふれた、

「重力を強く受ける場所ほど時間がゆっくりと流れる」

ということです。つまりは、東京スカイツリーの地上階よりも展望台のほうが重

力が弱く、そのために時間の流れが速い……ということになります。

最近、手がけた映画の上映会や講演会、お話し会などで、参加してくださった皆さんに、よく聞く質問があります。それは、日常の時間の流れが速く感じるかどうか？　挙手をしていただくのです。

どの会場も、ほとんどの方が手を挙げられます。圧倒的な数です。

「1日1日、すぎていく時間の速いこと速いこと」

「ついこの間、新しい月のカレンダーをめくったばかりなのに……」

「季節の巡り方が異常なくらい速く感じます」

じつは質問をしているわたし自身も、時間の流れを速く感じている1人です。

朝起きてから夜ベッドに入るまで、以前とは比べものにならないくらい時間の流れを速く感じています。なぜでしょうか？　仕事などで忙しい方だけならまだしも、大半の人が同じように速さを感じているなんて。

あくまでも私見ですが、これは**「意識のあり方」のちがい**によるものだと考えています。

さらに、このことは携帯電話やスマートフォンの登場が大きな影響を与えているように思えます。目に見えない電波をキャッチする端末機（スマートフォン）は、それを受信したり、またはこちらの発信を電波にのせたりします。

そのような行為が、1日に5～7時間もしくはそれ以上、端末機をさわることで日常的になってしまったわたしたちの「意識」は、カラダのなかにあるのではなく、**外側に出てしまっている**のではないでしょうか。

カラダの外側に出てしまった「意識」は、当然、電波の性質のように空中を飛び交います。「意識」がカラダのなかにあるときは、足が地面についていることと同様に、重力が強めの時間の流れとなりますが、カラダから離れてしまうと、どんどん重力が弱くなり時間の流れが速いゾーンへと向かってしまう……。

「意識」がカラダと一体になっているからこそ、感覚や感情も**「心」**でとらえられますが、それが分離してしまうと、心も作動しなくなるのではないか。いつもボーッとした感覚にとらわれ、時間の感覚すらおかしくなってしまう人が、あまりにも多いことの裏づけにもなると思うのです。

荒唐無稽な発想でしょうか？

もしくは、「意識」そのものの情報量が増えすぎて、やはり心身と分離してしまい、そこから同じような重力との関係性が生じる気もします。

では、どんな状態になっても「意識」と「肉体」が離れないようにする方法はあるのでしょうか？

わたしはそんなときこそ**「五感＋第六感」**の力を自分で養っていくことをおすすめしています。それらの感覚こそが、意識と肉体の分離をふせぎ、正常な心の状態を保つための唯一の方法だと思うのです。

どんなものを視覚で見るのか？
どんなものを聴覚で聞くのか？
どんな匂いを嗅覚で感じとるのか？

どんなテイストを味覚で味わうのか？
どんな手ざわりを触覚で感じるのか？
どんなひらめきを第六感でキャッチするのか？

「五感＋第六感」はセンサーのようなものです。これらを感じとる感性によって、わたしたちは**「世界」と自分の「世界」の境界線を引く**ことができます。感性こそが、わたしが「わたし」であることを感じさせてくれます。

それらの感性によって、わたしたちは意識と肉体と心のバランスを保つことができて、ふかめるなら「魂」の健やかさや成長をうながすのではないでしょうか？

「五感＋第六感」こそが、この世界を楽しむためのツールだと思います。

それらの感性をみがいたり、使いこなしたりすることで、見え方の幅やそこから生まれる選択肢のバリエーションが広がり、この世界の景色のグラデーションの豊かさを、より味わえるようになると思っています。

究極に調和がとれた「世界」とは？

「五感＋第六感」がどれくらい大切なものなのかを知ってもらうために、ちょっとふしぎな話を聞いてください。信じるか・信じないかよりも、あなたならどう感じるのか……そんな気もちで読んでいただけると幸いです。

ある日の、知り合い（男性）との会話です。彼は貴重な体験をしたようでした。

「先日、あるところへ行ってきました」

「ほう……あるところって、どこですか？」

「ちょっと――〝シリウス〟までね……」

シリウス？　店の名前？　咄嗟《とっさ》にそんなふうに思いました。

「惑星に行ったんですよ」

えっ？　惑星に行った？　えっ？　シリウスって惑星の名前っていうこと？

ああ……その手の話か……。

そう気づいたわたしでしたが、いきなりのおどろきは隠せなかったものの、じつはこの手の話には抵抗がありませんでした。

20年以上、自己啓発書を中心に、ちょっとふしぎな、怪しげなジャンルにもかかわってきましたので、どちらかというときらいな話ではないのです。

わたしはすっかり冷静になって聞き返しました。

「そうなんですね。シリウスは……愛と調和の星……ですよね？」

「はい、そう言われています。どんな感じだったと思いますか？」

またもや質問されて、間をおくわたし……。

愛と調和の惑星シリウス……太陽をのぞけば地球上から見えるもっとも明るい恒星であり、大きさもほとんど地球と変わりません。

古代エジプト時代から**豊穣の女神ソデプト**としても人々に知られていました。

どんな感じだと思うって？　愛と調和だから……。

「わたしたちと同じような姿をしている人たちがいました。老人も、大人も、子どもも、同じような容姿で歩いていました」

愛と調和に対する勝手なわたしのイメージは**「笑顔」**でした。それ以外は**「仲がいい」**とか**「みんなで歌っている」**とか**「るんるんした」**とか。われながら、じつに乏しい発想力です。


「みんな笑顔……だとか」

「いいえ」

「ちがいますか？……みんな仲良く手をつないでいる……とか？」

「いいえ。笑顔でも、仲良く手をつなぐでもありません」

「愛と調和の惑星って言われているんですよね？」

「はい、そのとおりです」

言葉というのは、自分の頭のなかのイメージに紐づけされています。しかも、それは、紋切り型のイメージに縛られていることが多いものです。

「愛と調和」という言葉を聞くと、なんとなく、みんなが笑顔で、仲が良い雰囲気で、もっと言うなら肩を組みながら歌っているような……わたしには、そんなイメージしか出てこなかったのですが……。


「みんな無表情でした」

「えっ？　無表情？　何か事件とかトラブルでもあったんですか？」

「いいえ。なにもなく、みんな無表情で、ただ歩いている感じでした」

「愛と調和の惑星なのに？」

その男性は、世間的にはなかなかの発言力もあり、みんなから信頼されている方でもありました。そんな彼からこの問いが、冗談などではなく相当に真面目なものだということに、このときようやく気づいたわたしでした。愛と調和が整った究極の惑星で無表情……。

彼が話してくれました。

「わたしたちの世界のことを考えてみてください。だれかを好きになったりしますよね？　きらいになったりもします。笑ったりもします。逆に泣いたりもします。怒ったり、憎んだり、恨んだり、悲しんだり、そして楽しんだり……。非常に忙しいです。それは〝喜怒哀楽〟があるからです。

では、調和のとれた世界って、いったいどのような世界なのか？

〝喜怒哀楽〟がないと考えてみてください。どういう状況になるでしょう？　だれかを好きになったりもしなければ、きらいになったりもしない。泣いたりもしません。怒ったりもしません。感情の調和もとれているから、精神的に乱れたりもしないことになります」

「それが調和？」

「〝ただ在る〟という世界ですよ。そこに存在するすべてが〝在る〟。〝ただ在る〟ことを認め合っている……というのでしょうか。いや、きっと〝認める〟という言葉さえ、概念を生んでしまうので適さないかもしれません」

「**言葉**」とは、じつに不思議なものです。

何かを言葉で表現したとたんに別の概念を生んでしまうことが多いものです。たとえば「**自由**」という言葉を使ったとたん、わたしたちは「不自由」なものの存在を感じてしまうことになります。「**自然**」も同じこと。「自然」という言葉がどんどんあらわれるほど、「**不自然**」という言葉の概念も具体化してしまいます。

ちょっと飛躍したたとえかもしれませんが、ジョン・レノンさんが「イマジン」という名曲を歌えば歌うほど、わたしたちの現実では「イマジン」がめざす世界観とは真逆の世界を生み出してしまうような気がするのです。


究極に調和のとれた惑星シリウスという世界には、喜怒哀楽がないがゆえに、**ただ在ることだけが存在**して全体が成り立っています。

逆にいうなら、わたしたちの星・地球では、喜怒哀楽が備わった人間たちが、それゆえに平和を求めたり、戦いを続けたり。誰かを愛したり、誰かを憎んだり。穏やかさとはほどとおい心に生じるままの感情表現をぶつけあったりしています。そのときに、ひとつのバロメーターとして使っているのが「五感＋第六感」ともいえるでしょう。そのような感性がそれぞれに備わっているがゆえに、世界の見え方がそれぞれであり、そこからそれぞれの世界や世界観も生み出されているのです。

そして、そうであるのならば、「五感＋第六感」という感性こそが、わたしたちの世界をややこしくしている元凶なのかもしれません。それぞれの感性の不一致から、争いごとが起こり、命を奪い合うことにまで発展しているのですから。

ただし……ということは、いかに「五感＋第六感」という感性をみがき、養っていくかによって、この世界の在り方までもが変化していくという構図になります。いきなり地球が「愛や調和の惑星」にはなれなくとも、「感性＝五感＋第六感」の使い方によって、この世界がめざす平和や安定を創造できるかもしれません。

一見、むずかしく思えてしまうかもしれませんが、よくよく考えるとじつにシンプルなことだと思うのです。心を豊かにする方法、心を穏やかにする方法……。それが、「はじめに」でもふれた〝歳を重ねていくことの豊かさ〟へとつながっていくのではないでしょうか？　「五感＋第六感」こそが、その鍵になるように思えてなりません。

「五感＋第六感」をしっかり使うと、「世界」の見え方が変わってきます。

「世界」の見え方が変わってくると毎日（日常）の使い方も変わっていくでしょう。

毎日の使い方が変わってくれば、日々の習慣も変化していき、習慣が変わると「世界」に対する自分の使い方がわかってきます。

自分の使い方がわかってくると、自分がなにかを決めるときの選択肢もふえます。

こうやって、あなた自身の人生そのものが大きく変わっていくはずです。

わたしたちの星は、まだまだ「愛と調和」にはほどとおい場所ですが、だからこそ様々な感情や人間の営みが、感性をとおして学べる惑星なのです。

それくらい、とてもめずらしくふしぎなところに、わたしたちはいるのです。

感性をみがくためには

「感性」とは、**「五感（視覚、聴覚、嗅覚、触覚、味覚）＋第六感（直観と直感）」**でとらえた情報を総合的に**受けとめる能力**のこと。習慣や経験、置かれた環境（家庭・地域・学校・職場）などの背景によって、人それぞれに異なります。

人間は**「五感＋第六感」**を通して、好きなものや気持ち良いもの、自分にとって必要なものを直感的に感じ取っています。

「感性」が豊かに育っていれば、物事を心にふかく感じとる能力が強くなり、さらには、ひとつの物事からも複数の情報やイメージを受けとることができます。

また、感性の豊かさは、**創造力や想像力の育成**ともふかいつながりがあります。感性が豊かであればあるほど、「世界」で起きている事柄を瞬時に察知することができて、「では、自分はどう判断するのか？　何を選択するのか？　ひいてはどうやって自分の人生を生きていくのか？」といった、より有効な判断力につながっていくのです。

感性をみがくことは、すなわち「五感＋第六感」を養うことにも関係します。

いろいろな方法がありますが、わたしは次の5つを実践しています。

①本物を見る・聞く・味わう

「本物」の定義は人それぞれかもしれませんが、フェイクやニセモノが世の中には多く存在するので、見極めていく目や耳が必要です。

わたしの場合、〝カラダにやさしい料理を食する習慣〟を日常的に実践していますが、そのとき、どんな食材が、どのように、どんな工程でつくられているのかを見聞きすることからはじめます。

そして、できれば自分で料理をしてみて、味を確かめるのです。あくまでも「ひと手間をかける」という発想を大切にしています。

②創作してみる

自分でつくってみることを大切にしています。現代は、できあがったものを「買うこと」が主流になっていますが、あえて時間を要しても「つくる」ことをやってみるのです。そのとき**「五感＋第六感」**をたくさん使うでしょう。その体験が、あなたの感性をみがいていくのです。両手を動かしながら創造してください。

③行ったことのない場所へ行ってみる

現代人は便利なものに囲まれて生活しているので、カラダを動かすことが少なくなりました。最近では、人工衛星を使って地上が見られる技術が発達しているので、デスクにいながら世界中の風景が楽しめます。

ところが、そんな便利な技術で満足してしまい、たとえば「旅」に出かける人が少なくなってしまいました。旅にもいろいろな種類があります。自分が住んでいる地域のあちこちに足を運んでみることから、飛行機や船を使って異国へ行くような、ちょっと時間を割く大がかりなものまであるでしょう。

どのようなスタイルでもかまいません。できるなら、行ったことのない場所へ行ってみましょう。新しく目にする風景や出会う人たちとの時間を体験することで、それまでみがいてきた「感性」を総動員して向き合っている「わたし」とも出会えるはず。そのような体験が、さらに感性をみがくことにも関係してくるのです。

④時間に余裕をもつ

「時間」については〝第1のセンス〟でもふれましたが、じつに悩ましいことです。**「時計の時間」**もそうですが**「自分のいのちの時間」**に気づいたり、そこを意識して生きたりすることは、なかなかむずかしいものです。そこで、まずは第一歩として、できるだけ**「時計の時間」をゆったり使ってみる**とよいでしょう。

休みをとる、余暇を楽しむことも効果的ですし、たとえば週に1回あるいは数回、携帯電話の電源をオフにしてみたり、人と会わない・話さない時間をつくってみたり。なるべく**「1人になる時間」**を創造してみるのです。なんなら、腕時計すら外してみましょう。そして、自分がなにを感じるのか、なにを思うのかを確かめてみる体験をたくさんしてみるのです。

本を読んだり、映画を観たり、散歩をしたり。料理をつくる、絵を描いてみる、写真を撮ってみるなど、カラダを動かして行うこともいいでしょう。そうやって、**「自分の時間」を味わう体験をふやす**のです。

そのような体験を重ねることが、「時間」に対する考え方や使い方、価値観をも育むでしょうし、それらが自分の「感性」となっていくことを自らで感じることにもつながるのです。

⑤自然にふれる

これまで取り上げてきた①〜④すべてのことをさらにふかめるためにも、より自然なものにふれてみてください。

なにかと人工物に囲まれていることに慣れてしまっているわたしたちですが、自然にふれることで、より**俯瞰《ふかん》する感覚**が身につくものです。

「俯瞰」とは、高いところから広い範囲を見おろすこと、または全体を把握することを意味します。また、広い視野で物事をとらえること、全体像を理解する能力を指して使われることもあります。

俯瞰と似た言葉に**「客観」**がありますが、俯瞰は物事や事態、思考を全体的に眺める力なのに対して、客観は自分自身を外から見ることを意味します。

なるべく自然にふれる時間をふやすことで、もともとは自然のなかに「わたし（人間）」がいるんだということを思い出すだけでなく、わたし自身の存在も、なにか大いなるものの一部でありながら、自分自身が独立した、唯一無二の存在であることも感じられてくるはずです。

①〜⑤の感性をみがく方法を実践することで、わたしたちはより自分らしく生きることができるでしょう。では、**「自分らしく」**とは、なんなのか？

じつはそれこそが、本書の大きな「問い」でもあるのです。

風をひらく教えに学ぶ

ネイティブアメリカンの文化を伝えつづける作家と出会ったのは、今から27年ほど前。著作からたくさんのことを学び、共感をふかめましたが、ご縁あって直接、素敵な実践法を教えていただきました。それが**「風をひらく」**というワークでした。とても**ポエジー（詩情）あふれる取り組み**で、わたしの感性を根本から刺激し、養うきっかけになったものです。

はじめて「感性」ということに意識を向けるきっかけにもなったワークでした。

わたしたちにはすばらしい**「五感＋第六感」そしてそれを感じとる「感性」**がそなわっていることは、すでに書いたとおりですが、なかでもいちばん重要なのが**「聞くこと（聴覚）」**なのだそうです。それは以前、あるお医者さんからも聞いたことがあります。

人が死をむかえる瞬間、最後まで敏感に機能しているのが**「聴覚」**なんだ、と。

わたしも体験しました。息子を産んでくれた妻が肉体を離れて旅立っていくとき、わたしは何度も耳元で話しかけていましたが、ずっと彼女は（目をつむったまま）聞いてくれているような気がしたものです。

今までの感謝と、これからのこと……。

「ありがとう。もう、ゆっくりしていいんだよ」

やりたかったことはたくさんあったことでしょう。幼な子の成長も心残りだったはずです。でも、心配しなくてもいいよ。もう、がんばらなくて、いいから。

心から湧きあがってきた言葉は、確実に彼女に届いていると実感しました。

耳をとおして、カラダ全体で聞く……というよりも受けとめてくれている気がしたのです。ふかいところで、わたしたちにしかわからないコミュニケーションだったような実感が、今でもはっきりと残っています。


尊敬する作家が教えてくれた「風をひらく」は、植物学者で詩人のネイティブアメリカン・チェロキー族、ノーマン・ラッセルの父親が詩的に表現したそうです。

ネイティブアメリカンたちが活発に動いていたはるか昔……人間も自然界のなかにいるので、常に周囲から情報を集めつづけていなくてはなりませんでした。そのための、もっとも広範囲に情報収集できるツールが、聴覚を使った「**聞くこと**」でした。自分が聞きたい音だけを選んで聞くのではなく、周囲の音すべてに耳を傾けて、どこでなにが起きているのかを理解し、感性で把握していく……。

「**聞くこと」がすべてのはじまりなのだ**、と教えてくれました。

そして「観る」「覚える」「シェアする」と感性を使って人や自分と向き合いながら、自分の世界観を形成していくのです。「**自分以外のものたちと折り合いをつけていく**」とも言えるかもしれません。

今よりも「聞くこと」を大切にしていた時代は、きっと言葉に頼ることが、ほとんどなかったのだと思います。言葉よりも聞いて感じることが優先されるというのは、すなわち思考よりも感性の力がよりはたらくことを意味しています。

「**感じとること**」が世界と自分をつなげる手段だったのでしょう。

教えていただいた「風をひらく」ワークを、何度も自分なりに実践してみました。なるべくごちゃごちゃしていない場所を選びます。人気《ひとけ》の少ない公園だったり、山の中だったり、放課後の学校のグラウンドだったり。わたしの場合、都会のど真ん中でしたが、だれもいないビルの屋上で行ったこともありました。

軽くあぐらをかきながら座って、深呼吸を数回します。目を閉じて、呼吸に意識を向けながら静かに気もちを落ち着けます。

自分の意識のうえでの目算でかまいません。目を閉じたまま、まずは自分のまわりの半径5メートルに聞こえてくる〝音〟を感じます。

公園だったら子どもが遊んでいる声だったり、遊具が動く音だったり。山の中なら鳥の声や風でこすれる木々の音だったり。わたしがひらいたビルの屋上では、複数の車のエンジン音やクラクションの音が聞こえてきました。

10分くらいの時間を味わったなら、今度は意識を半径20メートルくらいにまで広げてみます。意識を広げるとき、なんだか自分の内面までもが拡大していく気もちになりました。と同時に、いかに自分が小さな世界のなかだけで音の世界を味わっていたのかにも気づきました。

空を舞う風の音や、何かの金属と金属がこすれる音、人の声、車とバイクのエンジン音の違い、空を飛ぶ飛行機のかすかな飛行音など、さっきとはちがった細かなものまで感じられている自分がいることが楽しめます。

その一方で、360度、全方位から飛び込んでくる音におどろいている「わたし」もいました。

わたしの場合、「風をひらく」ワークから感じたのは次のような感覚でした。

広がる音の世界から、もっと大きくイメージをふくらませて、いったいどれくらいの数の物質から、この世界は成り立っているのか……ということ。

まるで色のグラデーションのように、まるでフランスを代表するスイーツのミルフィーユのように、多種多様なものが絶妙に織りなされてつくられているこの世界。

日常生活のなかで、わたしたちはつい目の前のものや、ごく小さな環境のなかで起きた出来事に一喜一憂してしまうけれど、意識を広げてみれば、いかに想像を絶する環境のなかの一部分として**「わたし」が存在している**のか。そんな感覚が、感性から湧きあがってくるのでした。

人工的なものがつくり出す便利さを享受していくうちに、わたしたちのなにかが確実に消えていっている気がします。自分がもっている能力を使うことも、そんな自分を心から信じることも、希薄になってしまいます。

そりゃあ、そうでしょう。使わないのだから。

感性が鈍ってしまうことは、自分自身をなくすことにもつながるでしょう。それは「第1のセンス」でふれた〝**無と知ること**〟とは、まったくちがいます。

変幻自在に変わり続けられる〝無〟とちがって、マヒすることによって自分がなくなるのは、すなわち「わたし」として生きられなくなることを意味します。人が「わたし」でなくなったときほど、悲しくもったいないことはありません。

あなたを知るために

わたしがあなたと　まじわるために
わたしはわたしを　知っておきたい

わたしはなにを　感じるのか
わたしはなにに　反応するのか

わたしがあなたと　まじわるために
わたしはわたしを　知っておきたい

わたしはなにが　好きなのか

わたしはなにが　嫌いなのか

わたしは世界を感じながら
わたしの世界をつくっていくから
あなたは世界を感じながら
あなたの世界をつくっていくから

わたしとあなたが　まじわるために
世界と世界が　合わさるところ
そこにはなにが　あるのかな
わたしはそれを　味わいたいのです
あなたを知るために

第3のセンス

心《しん》と神《しん》と芯《しん》
人生の「師匠」をもつ

人生をよりよく生きるために
その方向性を示してくれるような
「師」の存在は大切なものです
わたし自身、3人の師と呼べる人たちとの
大切な出会いとご縁がありました
心と神さまと芯をもつことの
大切さを教えてくれた
「師匠」の存在にふれてみます

出会いを通して自分に出会う

人は、一人きりで生きることができません。だれもがなにかとかかわり合いながら生きています。同様に、**「人として成長する」**ということにおいても、独りでできることではありません。家庭をはじめ学校や会社などで、だれかとつながりながら、かかわりながら、接していくことでお互いに成長していくものです。

20代半ばからの数年間。人生の歯車が大きく変わって、自分がどう生きればいいのか、わからなくなった時期がありました。「これをやろう！」と決めていたことにも、あっさり挫折する始末。おまけに、ちょっと自暴自棄にもなって、お酒に走る日々がつづきました。

今思えば、すべてが人生にふかみをもたせるためのよい体験となりましたが、さまざまと自分の未熟さと弱さを知るハメになる恥ずかしい出来事もたくさんありました。穴があったら入りたくなるようなこともいっぱい味わったものです。

いろいろなことの真意が通り過ぎてからわかるのも人生のおもしろいところです。

もちろん、それをどうとらえるのか……楽しめるのか、学べるのか、後悔しか感じないのか、悔しさばかりが伴うのか……それは人それぞれ。

33歳になる年に、奇跡的な出会いがあって、まったく未経験のまま出版社に入社することが決まりました。それは、ほんとうにあり得ないご縁の重なりで、人生になにが起きたのか……理解するのに数年かかりました。

詳しくは「第4のセンス」に記しますが、**いろいろな〝法則〟が折り重なることによって、人生は彩り豊かにつくられていく**ということに気づくまでは、ただその流れにのまれているだけでした。とくに、わたしの場合は激流つづきだったので、状況をふかく考える間もなく、とにかく溺《おぼ》れないように、ただがむしゃらに生きるだけでした。

人生に起こることを「**彩り豊か**」に感じられるかどうかも、その人がもっている〝**感性**〟の質によります。それは物事を感じとる能力のことですから、その質をどうやって能力アップさせるかは、人間の在り方や生き方が大きく影響するわけです。それをどのようにみがくのか、質をあげていくのか、育てていくのかは、これもやはり〝**センス＝感じ方**〟のちがいによります。

ところが、感性とセンスの養い方は、なかなか自分1人ではむずかしいものです。そこで光となるのが、わたしは「**師匠**」という存在だと思うのです。

「出会いを通して自分に出会う」

これは〝伊勢の父〟と呼ばれて多くの方々から慕われた故・中山靖雄《なかやまやすお》先生の言葉ですが、ほんとうにそのとおりだと思います。人生のなかでは、いろいろな出会いと別れがくり返されますが、どのようなご縁も、結果的には「**自分と出会うため**」に生じるのではないでしょうか。

人と出会うことによって、そのご縁から学ばせていただくなかに「自分を見出す」ためのヒントが隠されています。その気づきが「縁《えにし》」の尊さを教えてくれます。

雑誌の編集部からはじまり、数年後に書籍編集部へ移動となったあの頃……。最初の数年は、とにかく仕事に慣れることで精いっぱい。雑誌と書籍の編集のちがいや著者との付き合い方のちがいなど、右往左往する日々でした。わからないことはわからないと素直に頭をさげ、人に聞いたり、自分で調べたり、負けず嫌いな性格もあって、どんなこともあきらめずに食らいつきました。

そのような日々のつらさを和らげてくれたのが、著者とのご縁の数々でした。

書籍の編集とは、著者の人生観や生き方を深掘りする作業です。特にわたしのような「自己啓発書」が中心の編集者にとって、何十年にもわたって築きあげてきた著者の歩みは、学び以外のなにものでもありません。それにふれているうちに、ときには自分の人生の変容を迫られていることに気づくほどでした。

そうやって客観的に自分の人生が見られるようになったのも、この仕事の特徴のひとつだといえるでしょう。

ふり返ってみると、どの著者の皆さんからもほんとうに大切なことを学ばせていただき、それが**人生の試練を乗り越えるための力**となりました。

人生ではじめて1冊の本を編ませていただいたのが、自然食運動家として活躍されていた**東城百合子**《とうじょうゆりこ》先生でした。もともとはまだ出版社とご縁ができる前の1994年、乳がんを患っていた妻が東城先生の名著**『家庭でできる自然療法』**と出合ったことがはじまりでした。

西洋医学ではなく東洋医学をもって病と向き合いたい……という彼女の考え方を尊重して、本人だけでなく家族のわたし自身も暮らしのなかでホリスティック（包括的）な考え方を大切にしました。

人間を**「体・心・気・霊性」**の有機的統合体ととらえ、社会・自然・宇宙との調和にもとづく全体的な健康観を大事にしたのです。時間の使い方や食べ物の選び方まで、手探りでしたが貴重な体験をしました。

東城先生とご縁ができた翌年の1995年。映画監督の龍村仁さんが手がけられたドキュメンタリー映画「地球交響曲《ガイアシンフォニー》 第2番」が公開され、話題になりました。10代から映画好きだったわたしですが、それまで観たどの映画とも比べられない独特な世界観……それは、「地球も生きている」という生命観のもと、人間の息づかい（生き様）をていねいに表現したものでした。出演者の力強いメッセージに背中を押されて、追いかけるように全国で展開されていく上映会場に足を運びました。

龍村監督と出会った延長で、出演されていた佐藤初女《さとうはつめ》先生を知ったのも、ちょうどその頃でした。ただ、青森県弘前市にお住まいの初女先生と直接お会いするのは、もっと先になってからです。

1997年1月から出版社に通い出し、99年には書籍編集部へと移動になりました。ところが、慌ただしく時間が過ぎていくなかで、静かだった妻の体内に潜んでいたがん細胞がふたたび活動をはじめて再発となったのです。2000年の夏、まだ子どもが3歳という家庭環境でした。

我が家の風景が一気に変わりました。まだパソコンも普及していない時代です。情報収集をしたくても、調べる手立てが乏しかった。それでもなんとか情報を集めましたが、おどろくべき結果が見えてきたのです。

がんが転移した胸膜《きょうまく》は手術を試みることもむずかしく、生存率も1年生存率が50パーセント以下、発症2年後の生存率は約30パーセント、発症5年後の生存率は3・7パーセントしかありません。

そのときに会いに行ったのが、現・帯津三敬病院名誉院長の帯津良一《おびつりょういち》先生と、すでに本づくりがはじまっていた東城百合子先生だったのです。乳がんの初発からお世話になっていた帯津先生には、彼女が希望する東洋医学（呼吸法や瞑想法、漢方薬など）のメニューをアドバイスいただき、東城先生からは厳しくも的確なお言葉をいただきました。

「まだ子どもも小さいし、心配や迷う思いも出てくるでしょう。いろいろなことにも手を出したくなる。でも、ものが先じゃない、心が先ですよ。道に迷ったら原点に帰れ。とにかく根っこを育てるの。手抜きは心抜き。お子さんのためにも、お母

さんでいることを忘れないで」

夫婦で涙しながらお礼を言い、それから東城先生が推奨する食事を実践しました。

佐藤初女先生とは、東京で開かれた講演会に参加してから、ご縁がつながりました。先に出会っていた龍村仁監督より連絡していただき、講演会場の楽屋にてご挨拶できることになったのがはじまりです。

その後、日を空けずに青森県弘前市にある「森のイスキア」へご招待いただき、初女先生の手料理に舌鼓を打ちながら、龍村監督の映画に出演するまでの経緯や、初女先生の活動の根幹にふれられた贅沢《ぜいたく》な一泊二日を体験しました。

東城百合子先生とほぼ同時期に新しい本の企画を提案させていただき、編集者人生の1作目が東城百合子先生、2作目が佐藤初女先生と、その後の「人生の師匠」となる、心から尊敬するふたりの女性から、大きく動きはじめた人生のとらえ方を学んだ気がしています。

もう一人、ご縁をいただいた「心の師匠」が料理家の辰巳芳子《たつみよしこ》先生でした。

思春期の荒れ模様が激しかった息子とは、親子の溝がふかまるばかり。ほとんど登校しなかった中学校はなんとか卒業したものの、これから先、彼がどのような道を歩いていくのか不安が消えることはありませんでした（ほんとうは不必要な不安でしたが）。

そんな折、自宅の引越しを機に、家でつくる料理をすべて手づくりに変えることを決めました。それまでは週末になると冷凍食品を買い込み、毎日の献立は事前に決めていることがほとんどでしたが、２０１３年の年明けから毎食の献立はその日に決め、食材もできるかぎりその日に購入。台所に立つ機会をふやしたのでした。

今でも活用している料理本の大半は、そのときに買ったものです。

口にする食べ物を手づくりにしようと決めてから手にした料理本のなかに、辰巳芳子先生のご著書『あなたのために　いのちを支えるスープ』（文化出版局刊）がありました。脳血栓を再発したお父様がいらした病院へ、お母様と一緒にスープをつくって通うようになった体験から生まれたスープのレシピが掲載されていました。

辰巳流スープ料理のバイブルのような1冊です。

この本をもとに、いくつかのスープ料理をつくってみましたが、息子の反応がとてもいいことが印象的でした。素材を厳選したり、裏ごしをしたりと、ひと手間もふた手間もかかる料理法でしたが、それがかえって親子の話のネタにもなり、料理を習いたい気もちが湧いてきました。

結局、探した辰巳先生の料理教室はすでに満席で、空きの順番を待つことになりましたが、念願叶って2017年の5月より1年間、辰巳先生が直伝してくださる教室に通うことが許されました。平日の昼間のクラスでしたが、とても充実した学びは、今でもしっかり記憶に残っています。辰巳先生から教えていただいた心得は今でも心に刻んでいます。

こうしてわたしは、30代後半から50代前半に「3人の師匠」と出会うことができました。

貴重なご縁に感謝の思いが尽きません。

自然とは「心」で感じるもの

東城百合子先生の教え

東城百合子先生は、とても厳しい人でした。

まだ書籍編集者としてかけ出しの頃、打ち合わせで東京都世田谷区にある会社に伺うと、席に座るなり怒られることがほとんどでした。

「あなたね、毎日ちゃんと食べてるの？　インスタントのものばかり食べてちゃダメよ。簡単で便利なものを理屈で食べていると、物質であるモノを食べるだけになる。食べ物に宿っている自然のいのち、自然の恵であるいのちをいただくのよ。わかってる？　自然とは〝心〟で感じるものなのよ。どんな場合でも、ものより心が先だからね！」

でも、怒ったあとはニヤッと笑って、きちんと質問に答えてくださったり、わからないことをやさしく教えてくださったり。そして毎回、必ず日本文化の良いところを話してくださいました。

20代に患った重症の肺結核を玄米自然食によって克服した経験と、世界的な大豆博士といわれ、当時、国際栄養研究所所長、国連保健機構理事のハリー・ホワイト・ミラー博士との出会いから健康改革運動に情熱をそそがれました。

1960年、終戦後の混乱さめやらぬ沖縄にわたって、沖縄全島に健康改革の灯をともしたことも東城先生の名前が広がるきっかけとなったものです。

そして1973年、たった一人で月刊誌『あなたと健康』を創刊。広告などは一切とらず、年に一度発行する特集号にいたっては、毎年10万部を刷って無償で配布されていました。

出版物のほかにも料理教室を開くなど、実践の場を絶やさない方で、多くの教え子がおられます。

また、講演活動も盛んに展開されていて、コツコツと息の長い運動をつづけられました。いつもかくしゃくとした姿勢で話される東城先生のファンは、いまも全国にたくさんおられます。

一緒に編ませていただいた、わたしの書籍編集第1冊目の本、東城百合子著**『お天道さま、ありがとう。』**の「はじめに」で、東城先生は以下のような言葉を寄せてくださいました。

『日本人は、よく信仰心がないといわれます。たしかに、アラーやエホバといったような特定の人格神を崇めることには、あまりなじみがないかもしれません。また、〇〇教、〇〇宗の信者という人も、ほかの国に比べると少ないことでしょう。しかし日本人は、昔から「お天道さま」という見えなくてもたしかにある、いのちの根源の大いなる力を知っていました。

「食べものを捨てたら、お天道さまに申しわけない。目がつぶれるよ」

毎日の生活のなかでそう言いながら、感謝する心を大切に養い、温かく育ててきたのです。その目とは、顔にある目のことではなく、心の目をいいます。心の目を失ったときに、「ありがとう」という感謝を忘れると伝えつづけてきました』

（『お天道さま。ありがとう。』「はじめに」より）

「今は生活がない」と東城先生はいつもおっしゃっていました。**食べるものを通じていのちを見ることがなくなった。生活がなくなったから、いのちとか心とか魂とか、そういう人間の根っこがわからない**……90歳を超えても講演活動をつづけていましたが、どの会場でも必ずそのことを伝えられていました。

東城先生は、生後5か月の頃のケガが原因で足腰に障がいがありました。背骨や股関節だけでなく、左のひざ小僧もつぶれていることから、いつも杖をつきながらゆっくりと歩いておられる姿が印象に残っています。

ところが、いったん壇上に立つと、高熱のエネルギーを発散するかのように、独特の東城節が会場にひびくのです。

「手間をかけることを惜しまないの。手抜きは心抜き。忙しさを言い訳にしている人は、優先順位を間違えているのよ」

「相手が自分を支配するのではありません。自分の考え方、生き方、心の持ち方、これらが歪《ゆが》んでいたら運命も歪んできます」

「決して焦らず、苛立たず、チャンスが来たときにでも慎重に言葉を選んで、二歩も三歩もさがって思いを伝えなさい」

「自分に合わせるのではなく、天に合わせることよ」

わたしがいちばん好きなメッセージです。

「わたしがよくお話しすることに〝祈りとは生活そのもの〟という言葉があります。毎日の生活をどう受けとめ、どう生きるのか。その心なくして祈りはわかりません。気分に合わせて、神様に願いごとを訴えるのが祈りと思っている人も多いでしょう。自分では行動もせず、何もしないでたくさんのお願いをします。

しかし、生活とは、字のごとく活気ある生き方、足元の〝衣・食・住〟を日々のなかでどういただくのかということです。自分の都合、わがままが主体では祈りとはいいません。人の間の縁があって、それに助けられながら、生かされている自分がある。今日がある。その大切さに気づけば、日々の生活によって養われた心がお天道さまとつながり、心の目が開きます。目に見えない自然の力、いのちの力にふれることで根は育ちます」（『お天道さま、ありがとう。』より）

２０２０年2月22日、東城百合子先生は94歳の生涯を終えました。

葬儀には全国から集まった料理教室の生徒さんや関係者が参列し、久しぶりに顔を出したわたしにも皆さんやさしく声をかけてくださいました。

日本を愛し、自然と生きることを大切にしてこられた東城先生のスピリットは、「お母さん」を中心に、これからも受け継がれていくことでしょう。

いつも「心」が先で、感じることの大切さを教えていただきました。

東城先生が憂いておられたこれからの日本。２０２５年8月で終戦後80年をむかえますが、この国が大切にしてきた自然観や「お天道さま」の視点を忘れないようにしたいとつよく思っています。

神さまのお望みならうまくいく

佐藤初女先生
の教え

キリスト教の愛と奉仕の精神を大切にされていた佐藤初女先生からは、**「祈り」**という言葉をたくさん聞きました。ある神父さまが初女先生に、

「あなたにとって、祈りとはなんですか？」

と訊ねられたとき、初女先生はすぐさま、こう答えられたそうです。

「生活です」

祈りというと、静かに座って手を合わせることを思い浮かべる人がほとんどでしょう。ところが初女先生曰く「それは**〝静の祈り〟**のことです」と。ある時間にかぎって静かに座りながら心を捧げることだけが祈りなのではなく、わたしたちが生活のなかで動いていることのすべてが祈りに通じているのではないか……というお考えでした。

初女先生がおっしゃっていた**「動の祈り」**……それは心を込めて食事の支度をし

たり、一緒に食事を囲んだりという、もっとも平凡な営みのなかにこそある、と話してくれました。

東城百合子先生と同様に、初女先生も**「食べること」**を大切にされていました。たとえば、野菜をゆでているとき、火のそばを離れずじっと鍋のなかを見ている初女先生の姿を何度も目撃しました。ゆでられている鍋を眺めていると、野菜が大地に生きていたときより鮮やかな緑に輝く瞬間がある、というのです。茎が透きとおるそのときこそ、**「いのちの移し替えの瞬間」**なのだ、と。

まさしく、それらも「動の祈り」なのだそうです。

本づくりのために何度も青森県弘前市に通っていた頃、初女先生は常に動いていらっしゃる印象でした。

もともとは、弘前市内の自宅を開放して、心が疲れた人や生きる方向を見失った人たちを受け入れる活動をされていました。いつ訪ねて来られてもいいように玄関は施錠せず、来た人には黙って〝おむすび〟を差し出されていました。

その姿勢と〝おむすび〟が口コミで評判となり、活動を知った人たちが全国から訪れるようになったことから、前述したように龍村仁監督作品「地球交響曲　第2番」の出演となって、さらに存在が知られるようになったのです。

「わたしがいつも心がけていることがあります。それは、訪れた方を家族として迎え、あるがままのその人を受け入れて、ゆっくりくつろいでいただくことです。そして、その人の言葉に耳を傾け、その人に心を置き換えて共感したいと思うのです。やがて、その人は心を開き、思いのままを話してくれます。そんなとき、わたしは説教がましいことをいったり、批判したりすることはしたくありません。

ほんとうは、悩んでいる人は自分で答えを知っています。心のうちをすっかり話したとき、自分からふとそのことに気づきます。自分で気づいたことこそが、その人が必要としている真の答えになると思います」（『こころ咲かせて』佐藤初女著）

鈴木七沖
出版記念講演会
in京都

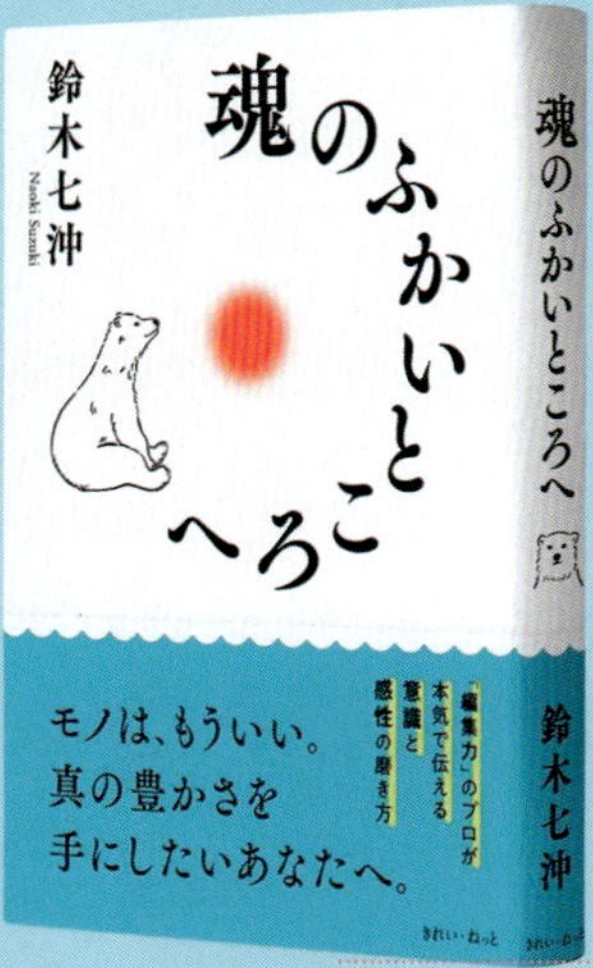

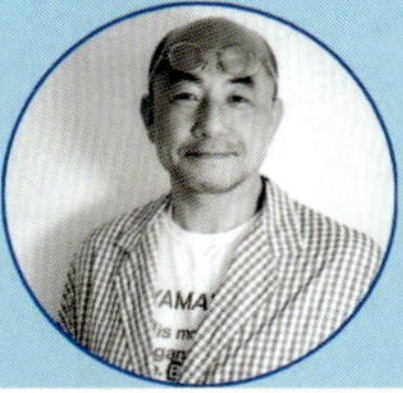

◆鈴木七沖プロフィール◆

出版社の編集長＆取締役時代に多くの著者と関わり ながら１７０冊以上の書籍を編集。また映像作家としても、2011年に初監督作品「SWITCH」を発表。
国内外450か所以上で上映され、観客動員数は12万人を超えた。現在、最新作のコミュニティムービー「３０（さんまる）」が全国各地にて上映されている。

2025年
日時 1/26（日）17:00〜20:00

会場 ヒューリックホール京都
阪急京都線 京都河原町駅 徒歩３分

お問合せ　090-4503-0275（事務局 鈴木）

お申し込み　QRコードにカメラをかざして
サイトよりお申込みください

自宅で開いていた活動が手狭になり、もっと自然が豊かな場所をと探しているとき、岩木山の麓にある三方を森に囲まれた土地とのご縁がつながりました。

そして、これまで初女先生にお世話になった人たちの支援もあって、１９９２年の10月、**「森のイスキア」**が誕生したのでした。

「森のイスキア」とは、イタリア西南部のナポリ湾の西に浮かぶイスキア島の名前から採られたもの。ナポリの富豪の息子で、何不自由ない暮らしをしていた青年が、この島を訪れて、贅沢三昧の生活から自分を静かに振り返ることを学び、生きる力を取り戻したエピソードがありました。

イスキア島の美しさにふれながらすごした数年後、彼はみごとに立ち直って町に帰り、生き生きと社会のなかで大きな仕事をしたそうです。

この話につよく惹かれた初女先生は自分たちの拠点を「イスキア」と名づけました。龍村監督の映画の効果もあって、全国から「森のイスキア」に訪ねてくる人たちが増えました。

わたしはキリスト教の信者ではないので、ある特定の宗教的な「神」のことはよくわかりません。ところが、わたしたちのいのちの大元的な「大いなる神」の存在を感じたことは今までに何度もありました。

「いのちの根っこ」とも表現すべき大いなる存在を感じて、感謝の思いが湧きあがってきたこともあります。

わたしや仲間たちが行動することが、もし「神さま」のお望みならば、うまくいくでしょうし、ちがっていたら今はタイミングではないと、そう思うようにしています。つまりは、わたしたち自身の内面に潜んでいる「**神性**」を大切にしたい気もちがあるのです。

初女先生からわたしが学んだいちばんのことは、わたしたち一人ひとりのなかにしっかりと宿っている「神性」に気づくことでした。いのちを産み、育んでくれた神さまへの感謝を忘れないこと。

初女先生も東城先生と同じく、女学校時代に胸を病んで喀血《かっけつ》をくり返した体験がありました。次々に処方される薬を飲むうちに、ほんとうにカラダのためにいいのかどうか、疑問をもつようになり、やがて飲まなくなりました。反対に、おいしいものをいただいたときには、スッとカラダのなかに吸収され、細胞が躍動して、血が動きだすという体験があったそうなのです。

カラダがほしがっている食事をすると、ほんとうに生き返る心地がする体験があったとおっしゃっていました。おふたりとも、そうやって自分のいのちをかけた体験をしたからこそ、**食とカラダと神性**のことを語れるのだと思います。

初女先生が〝喜び〟について語ってくれた言葉が忘れられません。それは初女先生の「神性」から発せられた言葉でした。

「わたしの心は喜びに満たされました。それは、まさに〝霊的な喜び〟でした。〝霊的な喜び〟とは、物質的なもので満たされるときのような表面的な喜びのことではなく、心のもっとふかいところから湧きあがってくる、神さまのお望みを受けとめたときに感じる喜びです」

芯のある愛をもって「人」となる

辰巳芳子先生の教え

辰巳芳子先生に1年間、直伝でスープ料理を習えた体験は、わたしの人生において今でも大きな宝物となっています。

思えばシングルファザー時代、最初の頃は、料理なんて義務的にやっていることがほとんどでした。あの当時、もし「料理とは、なんのためにあるのか?」と聞かれたら、すかさず「空腹を満たすため」と答えていたでしょう。

先にも書きましたが、週末になると冷凍食品を中心とした食材を買い込み、毎日ルーティン的に献立をこなす日々。少しは栄養のことも考えてはいたものの、とにかく食べておくこと、言葉を選ばずに書くなら食べさせること……が大前提でした。

ところが、夕飯を軸に料理全般を手づくりに変えようと決めたとたん、少しずつ料理への思いが変わっていきました。もう「言葉」で息子と向き合うことにむずかしさを感じていたので、最後の手段のような気もちで食材と料理に**「思い」**を込め、それが伝わることにすがった、というのが正直なところです。

「料理を手づくりで」と決めて買い込んだ料理本のなかに、辰巳芳子先生の名著**『あなたのために　いのちを支えるスープ』**が入っていました。1冊くらいスープ料理を……と軽い気もちで手を出したのですが、自宅に帰ってページを開いた最初のページに、次のような言葉が書かれていたのでした。

「スープの湯気の向こうに見える実存的使命」

ん？　これは、どういう意味なのだろうか？　辰巳先生のことを調べてみると、「食べること」や「食事をつくること」への自問自答や葛藤した気もちをあらわしたインタビュー記事を発見しました。

「食べることの根源的な意味とは、なんだろうか？」

辰巳先生は記事のなかで哲学的な示唆に富んだ自問をくり返されていました。

わたしたちはなぜ料理をするのか？　なぜ食事を用意するのか？

「料理をすることの〝実存的使命〟とは、やはり**〝誰かに食べさせる〟ということ**

でしょう。食事の用意をすることは、相手のいのちを祝福することです。

『生きていてよかったわね』

『もっともっと生きるべきように生きていくことができますように』

そのように願い、食事をつくってさしあげる。だから、心を込めて、『こうしてあげたい』という喜ばしい気もちがなくてはむずかしいわね。お料理をしながら、その気もちがあるのかどうか、心の動きがあるかどうか、注意ぶかく自分の心の中をのぞいてみなければならない……といつも思っています」


1年間、習いに行った料理教室の最終日。わたしたち生徒に向かって、辰巳先生が最後に放ったのは、次のような言葉でした。


「祈る力っていうものはね、ひとつの恵みですね。

祈れる人であるようにね。念じられる人間になりますように。

スープっていうのは、そういうものですね。念ずる稽古だ。そのためのスープだ。

これだけの60人以上の方にね、神仏を念じてくださいと申し上げられて、わたしもやれやれといたしましょう。本当にどんな時代が来るかわからないからね。そのときにね、念じられる人であってほしいです」

芯のある愛をもつこと。料理を伝えながら辰巳先生がおっしゃった言葉で、わたしがもっとも好きな一言でした。

「自分自身に任《た》えることができて、はじめて〝ヒト〟は〝人〟になるのよ」

どういう意味なのか聞いたときはわかりませんでしたが、他の生徒さんの質問に、辰巳先生はやさしい顔で答えてくれました。

「むずかしいことですが、『愛を知る』ということでしょうね。愛し、愛されることを存在の芯にすえること。料理をとおして食べものをつくり、食すということは、愛をひとつの形にすることだとわたしは思うのよ」

東城百合子先生や佐藤初女先生と同じく、辰巳芳子先生も若い時代に結核を患い、約15年間にわたる療養生活を体験されています。生と死の境目に立った体験をし、それがのちに「食」とのかかわりにつながることも3人の共通点です。

わたしがスープ料理を習っているとき、辰巳先生は94歳という年齢でした。気丈夫な声で生徒に大切なことを伝え、毎回、辰巳哲学で会場をわかせるサービス精神が旺盛な先生でした。

料理教室の初日……忘れもしない出来事が起こりました。辰巳先生のスープ料理では、漉《こ》し器をよく使います。国産の馬の尻尾の毛を使ったものが理想的なのですが、ほとんどの生産を海外に頼っているのが現状です。

漉し器など準備していなかったわたしは、何気なく辰巳先生に訊ねました。

「辰巳先生、わたしはまだ漉し器をもっていないのですが、どこで購入すればよろしいでしょうか？」

生徒63人中、男性はわたしを含めて3人しかいませんでした。一斉に生徒のほぼ全員がわたしに注目したのはいうまでもありません。

「今回は男性もいるのね。あなたは、まだもっていないのね。いいでしょう。わたしは2つもっているので、1つをあなたにおわけしましょう」

突然の辰巳先生の回答に、会場中がどよめきました。貴重な国産の漉し器で、それも辰巳先生が個人でもっているものを譲り受けるなんて。生徒さんたちのものめずらしさの視線が、一転してうらやましがる視線へと変容しました。

スタッフの方々も突然のことでびっくりしたのか対応に困っておられましたが、結局翌月のレッスンのはじめに、目立たないようこっそりと渡す条件で漉し器をいただいたのでした。懐かしい大切な思い出です。

時折、3人の心の師匠の書物や映像を拝見し、それぞれの言葉をかみしめる時間を今でも大切にしています。たまには音読をしながら、自分の内側から湧きでる「音」で師匠の皆さんの「魂」に、そっと寄り添おうとしてみたり……。

そのとき感じるのです。

わたしの「魂」が、喜びながらふるえていることを。

手間をかける

ていねいに　ていねいに
野菜を切りながら

ぼくの思いの　ひとかけらを
スパイスと　いっしょに

伝えたい気もちは
味にこめよう

きみのカラダのなかに入った

思いという名の　スパイス
どんな化学反応が　おきるかな

台所は　いつだって研究室さ
今日も　手間をかける実験
思いを　ひとつ　ふたつ

ゆげの向こうで
笑っている顔が見たくて

いつも　見ていたくて

第4のセンス

「人生のしくみ」を理解しながら生きる

若い頃にはわからなかった
「人生のしくみ」のシンプルな法則
この世界には知らないほうが
いいこともたくさんあるけれど
これからの〝未来〟を考えるならば
知らないよりも、知っておくことで
人生という旅の愉しみ方が
ちがってくるはずです

10歳のときに体験したこと

母親に産んでいただいて、この世界に来てから早いもので60年がすぎました。「はじめに」でもふれましたが、孔子さんが説いた人生の節目（10年毎の流れ）の名言も、尊敬する編集者・石原正康さんが書いてくださった**「感性とは真理に向かうためのベクトル」**という言葉も、スッと受けとめられる今の「わたし」がいます。

人生って、ほんとうになにが起こるかわからないけれど、これまでを振り返ってみて思うのが、いくつかの同じリズムが、ただパターンのようにくり返されているなぁ……という気づきです。**ある法則性をもって動いている**という感じです。

年齢を重ねるとともに、起きる出来事の質や登場人物は変わっていくものの、人生から問いつづけられている質問は変わりません。

「お前は、どう生きるのだ？」

そのくり返しです。**わたしたちは人生から問われつづけている存在**なのです。

そんなことを考えられるようになったのは、30歳をすぎてから出版社の編集者になって、主に〝自己啓発書〟のジャンルで活躍できた、わたしの仕事環境も影響していると思います。

「人生とは……」

といったテーマを探求している著者がほとんどだったので、第一読者となって原稿に目をとおしながら本を編んでいるうちに、おそらく無意識のうちに、それを自分の人生のなかで再確認していたと思うのです。

「これでもか！　これでもお前はわからんか！」

そう叱咤《しった》されているかのような出来事が数珠つなぎに起きる日々でした。

30代半ばから10年間ほど体験したことの多くは、その後のわたしの人生を決定づけるきっかけになるものでした。

しかし、いちばんの原点は、**10歳のときに体験した出来事**だと思っています。今でもはっきりと、そのときの感触が残っているほどの強烈な体験でした。

ある日のこと。エキスパンダーというバネの運動器具で遊んでいるうちに、はずれたバネが側頭部を直撃して脳しんとうを起こしてしまい、意識が朦朧《もうろう》となって倒れてしまうという事故がありました。

4歳上の兄は心配して声をかけてくれましたが、病院に連れて行かれることもなく、両親からはそのまま放置されたのです。吐きそうなくらい気もち悪くなりましたが、横になったまま寝入ってしまいました。

その日の夜……真っ暗闇のなかで目が覚めました。

一瞬、自分がどこにいるのかもわかりませんでした。ただ、辺りは真っ暗。両目を開いても純度100パーセントの暗闇です。

そのとき、声にはならないけれど、はっきりした意識が湧き上がってきたのです。

「あっ、今、僕のカラダがなくなっても、残るものがあるんだな」

そんな内容でした。まだ10歳の小学生です。それ以上の表現はできませんでした。ただ、あの夜の感触はずっと忘れることができませんでした。ことあるごとに思い出しては自問自答することをくり返しました、

「残るものって、なんなのだろう？」

その問いが、ずっと自分のなかに残りつづけたのです。

昔から「変わっている」と言われる子どもでした。「なにを考えているのかわからない」と言われたことも多く、それを自分でも自覚していたので、10歳で体験した暗闇の問いのことなど、まちがっても人には話せません。

そのうち、人とうまく話せなくなっていき、内向的な毎日をすごすようになりました。集団に交わることも苦手で一人遊びもふえました。

でも……あのときは、そのような時間が必要だったのだ、と今ならわかります。それから出会った人たち、体験していった出来事、変容していく生活環境など、いろいろなことが答え合わせのヒントをつくってくれたのです。

あっという間に10代も終わり、20代は悶々《もんもん》としながら主に闇のなかで光を求めるような生き方でした。そして、30代は本づくりをとおして物事の本質と出会うことがふえ、40代は様々なチャレンジを体験、50代は……迷うことなく真理や法則、しくみなどが冷静な気もちで感じられる自分になれた気がします。

10歳で体験した問いの答えをこうして60歳になった今でも求めています。

孔子さんではありませんが、**「30にして立つ＝自己の立場を確立すること」**ができた〝編集者〟という職業体験は大きなターニングポイントとなりました。いろいろな著者の皆さんと出会いながら、わたしに必要な情報や心のもち方、そしてどうやら肉体がなくなっても残るものの正体が**「魂」**であることも知りました。

「魂」を知るために宗教や哲学などは必要ありませんでした。「魂」の存在を決定的に感じたのは息子を産んでくれた妻の死です。旅立っていく人の様をはじめて意識的に、しっかりと眺められた出来事をとおして、死の本質がなんなのかをわたしに見せてくれたのです。
残酷でもあり、強烈な悲しみを伴う、ふかい学びの体験でした。
そして「魂」というエネルギーがカラダから抜ける瞬間を、しっかりと感じられたことも大きな、わたしに必要な体験だったのです。1日1日を思い残すことのないよう、すべてを出しきる生き方をはじめたのもその頃からでした。

あの貴重で、崇高な時間を味わっていなければ、わたしはこの本を書くことなどできなかったし、**「魂のふかいところへ」**などというタイトルにもたどり着けなかったことでしょう。60代に突入してから、人生に必要なことを本に書いて、できるだけ多くの人たちと共有したい思いが湧きあがってきたのも、やはり「死」へのふかい思いからだと思います。

「人生のしくみ」を知ることは、わたしの今生の課題のひとつでした。それをまだ不完全なわたしが不完全なまま書き記し、そこから読む人とともに新たな学びをはじめることもまた、自ら決めてきたことなのだと感じるのです。

人生を気もちよく生きるために

目に見えないことの話をすると、心から共感してくれる人と、懐疑的に受けとめる人に分かれます。しかたないですね。現代人は、どうしても目の前で見えているものを第一に考えてしまいがちです。また、日常的に起こることのスピードも速いので、パッと判断しなければならず、**ふかく考えること**も少なくなっています。

まだ自然界すべての生きとし生けるものの一部として人間が生きていた時代は、肉体も感性もすべてがむき出しのままでした。人工物だらけの生活ではなく、荒々しい自然界のなかで生きていくための感性も研ぎすまされていて、今よりもっと機能的に使われいたことでしょう。

でも、こうも思うのです。昔と今では**使われる感性の質がちがう**のではないだろうか、と。退化とか進化ではかれない、環境に応じて使う能力の役割が変わった気がするのです。遠くの音を聞いたり、風景を見たり、なにかを察知して身の危険を感じたり……。そういうこととはちがう感性の使い方がこれからは必要になってくるだろう、とわたしは感じています。

目に見えない話も、ひと昔前よりは圧倒的に共感する人の割合が増えました。量子力学をはじめとする学問の世界でも、見えなかったものが理解されるようになったり、ここ20年ほどで世の中の情報量が格段にふえたために、脳内の解像度が向上したりしたことも、大きな理由だと思います。

「人生を気もちよく生きていく方法とは？」

これは、けっして1種類ではありません。人それぞれ生きている目的も、選んだ環境もちがうので、人の数だけ方法も存在すると思うのです。でも、人間の本質は、いつどんなときも気もちよくなることを望んでいます。

そのためにも「人生」そのものが、どのようなしくみで構成されているのか。どのような真理で動いているのかなど、**ベーシックな（基本的な、初歩的な、必要最低限の）情報**は知っておいたほうが役に立つと思います。

わたしたちの「人生」とは、じつは**とてもシンプルな法則**につつまれています。古くから受け継がれている経典と呼ばれるもののなかにも、または古の偉人たちが残している格言や名言のなかにも、それら法則の断片が色濃く刻まれているのです。

◎蒔いたタネは自分で刈りとる（タネを撒かなければ刈りとれない）
◎人生は思いどおりにはならない（だから人は夢をもったり努力をしたりする）
◎すべてはうつり変わるもの（無常なはかなさがあるからこそ一瞬を大切にする）
◎つながりのなかで変化している（すべてはどこかでつながっているということ）

実際はもっとありますが、代表的なものを４つ取り上げました。
やったことは必ず自分に返ってくるし、なかなか人生は思いどおりにはならないけれど「想ったとおり」にはなる世界です。二度とはやってこない〝今日〟だからこそ人は精いっぱい生きようとするし、みんなつながり合うなかで生きているからこそ、やったことは返ってくる〝しくみ〟が生まれるのです。

これらのことは、わたしもそうでしたが、若い時代にはなかなか理解できません。それもそのはず、知っていることよりも知らないことのほうが多いのが若者の特権であり、だからこそ、たとえ挫折することになってもチャレンジする気もちが大切にされるのです。

年齢を重ねていくにつれて、若い時代のような体力や気力は少なくなるかもしれません。でもその一方で、確実にふえるのが**経験値**であり、生きてきた日々の積み重ねから生まれる**豊富なノウハウの応用**です。

それらの体験は永遠に残るものですし、受け継がれていく場合もあります。そのような「体験」だけが唯一、時がきて魂が肉体を離れるときにもって行けるものだということも、大切な「人生のしくみ」といえます。

肉体をもって生まれてきたこの世界で、なにを選び、なにを学ぶのか。そして、どんな**ツール**（**道具＝肉体や感性**）を手にしてこの世界にやってくるのか、じつはそのすべては自分で決めてくるものです。

人間は、それぞれにいろいろな「**気質**」をもっています。

気質とは、生まれつきそなわっている**先天的なパーソナリティ**（人の個性や人柄、その人らしさ）で、感情面での個性や傾向のことを指します。

イライラしやすい、喜びを感じやすい、新しいことに興味をもつ、チャレンジすることを惜しまない、なにがあっても常に心が穏やかなど、それらの気質は脳内の神経伝達物質の量によってある程度は決まっています。

人は、そのことを「**宿命**」と呼びます。変えられない設計図、変えられない自分の基礎、それらをもってどう生きるのか……人生のいちばんのエンターテインメント性は、そこにあるのです。まるでゲームのようです。


「**人生を気もちよく生きること**」は、どれだけ「人生のしくみ」を知っているのかということと比例しています。つまり「人生」そのもののメカニズムをできるだけ知っておくと、どんな出来事にも対応がしやすくなるし、人生の経験値や応用力をどこまで活かせるのかにもつながっていきます。

そのことは、これから記していく「運」や「運命」をどう治すのか……ということともふかい関係があるのです。

あなたは、ただやみくもに「老いる」ことだけに気もちを向けますか？
あなたは、素直に「人生のしくみ」を知って活かしていきますか？

どちらも人生です。どちらも、あなたが自分で選択できます。

そんなことを言われても今さら……と思うかもしれません。

でも、生きているうちは何度でも出直しができるのです。

変えられない「**宿命**」と、いかに変えるかの「**運命**」……それらの構造を知ったうえで、人生をより楽しく気もちよく生きることを、ぜひ心がけてください。

「宿命」と「運命」のお話

「宿命」と「運命」という言葉が出てきましたが、この真意を知っておくことも「人生のしくみ」を理解するうえで、とても大切なポイントになります。それは、次稿の**「8つのしくみ」**にもつながる内容です。

カラダについては次章の**「第5のセンス〝セルフケア〟で神性を高める」**で詳しくふれますが、わたしたち地球で生きている生物……動物も植物もみんな……天体の動きに影響を受けながら生きています。

今はまだ無意識のレベルですが、わたしたち……とくに女性は太陽の周期や月の満ち欠けなど、天体の動きに同調しながら心身のリズムを奏でています。

じつは、わたし自身も月の満ち欠けに影響を受けやすい1人で、最近は落ちついてきたものの、満月や新月の前後になると体調が崩れやすくなったり、全身の節々がいたくなったりする体験が何度もあります。数日がすぎると、ほんとうになにごともなかったようにスッキリするからふしぎなものです。
その直後に直感が冴《さ》えたり、五感の感度が良くなったりすることが多いので、ポジティブにとらえていますが、しんどさの渦中にいるときはとてもつらいです。

ちなみに、満月が人体に与える影響には、次のようなものがあります。

- **心身がエネルギーに満ちて、活動的になる**
- **気分が高まり、良いものも悪いものも吸収しやすくなる**
- **水分や毒素がカラダにたまっていくのでむくみやすく、ダルさ、頭痛、注意力の低下などが起こりやすくなる**
- **月の引力も強まるため、頭に血が昇りやすく身体が興奮状態におちいる**
- **不眠症状、火照《ほて》り、寝汗、ドライアイ、関節痛などの症状が強く出る人もいる**
- **満月に向かって体の血が満ち、それが排出されるため、生理がくる人が多い**

満月は吸収の時期で、良いものも悪いものも取り込みやすくなると言われています。そのため、このような心身への影響が出やすくなるようです。ここでは述べませんが、もちろん新月にも新月の作用があります。

なぜ天体とカラダの話をしたかというと、人間が生まれた日も一人ひとり、天体の影響があることが**西洋占星術《せいようせんせいじゅつ》や中国の四柱推命《しちゅうすいめい》など**からわかっているからです。
もちろん、人によって信じる・信じないはあると思いますが、わたしは仕事柄もあって鑑定士の友人知人が多いうえ、何を隠そう２０２２年に縁あって再婚した今の妻が「四柱推命」の鑑定士なので、身近に信憑《しんぴょう》性を感じることがふえました。

「四柱推命」とは、生まれた年・月・日・時間の４つの柱から運命を占う中国の命術。生年月日は一生変わらないため、もって生まれた「宿命」とともに、将来までの流れ、すなわち「運命＝人生の道筋」を予測できるのが特徴です。
ただ、もともと、**もって生まれた「宿命」**から一生の流れを読み解くことはできますが、それが100パーセントあたるというものではありません。

その流れを知ったうえで、どう活かし、**どのように「運命」を組み立てていくか**というのが人生のおもしろいところで、その関係性を知っておくことも人生の攻略には役立つものです。「運命」をふかく知ることで「宿命」の定めを良い方向へと切り開いている方も大勢いらっしゃいます。

「宿命」にかんしては守秘義務があるので、個人の情報は夫婦といえども共有しないことにしていますが、DVをしやすいタイプやお金にだらしないタイプ、仕事で大成しやすいタイプ、パートナー運に恵まれているタイプ、健康や病気にかんする様々なタイプなど、ふしぎなくらい的中するようです。

何人もの鑑定を受けた人たちと話しましたが、結果におどろき、人生の立て直しを決断した人もたくさんいました。また数年後、鑑定どおりになったと反省して、人生をやり直す気もちであらためて鑑定依頼をしてきた人も少なくありません。

妻の場合、女性の依頼者が多く、とくに起業前の方から相談を受けることも多いのですが、彼女なりの見立てとアドバイスで起業後、順調に売上や会社運営に成功している方の話も聞いてきました。どの方もイキイキと人生を愉しんでいます。

それらの皆さんの意見をまとめると、わたしたちには変えることのできない「宿命」があることがはっきりしてきました。少なくとも、わたしはそのように理解しています。宿命は人生の土台や根本的な方向性を指し、生まれた場所や国、環境、時代、肉体など、生まれもって決まっているもので、変えることはできません。

それをわかったうえで、人生の流れである「運命」を示し、これから自分とどう向き合い、その道をどうつくり、歩んでいくのかを鑑定士は示唆します。そのとき、どんな見立てができるのかが鑑定士の腕の見せどころ。そこで的確で前向きな、なにより依頼者の心に届くアドバイスができるかどうか……鑑定士の人間性が問われる瞬間です。そのヒントこそが依頼者の「**運**」を育てていくエッセンスとなるのです。

まずは、自分自身に変えられない「宿命」があることを知る。
そのうえで理解を深める必要があるのが「運」と「運命」です。

わたしは、「運命」を知って活かすことと、自分の「運」をどう使っていくか……それが人生にとって、ほんとうに大切なことだと思っています。何度も書きますが、「宿命」の根本は変えられません。それどころか（次稿でふれますが）「宿命」は自分で決めてきたのですから、〝変える・変えられない〟の問題ではなく、**「それを受けとめた（受け入れた）ところから人生のおもしろさがはじまる」**

今では、そう思っています。そこで「運」と「運命」です。

まず「運」についてですが、これは「運が良い」とか「運が悪い」と表現するものではない、ということです。じつは「運」を良くするのも、悪くするのもすべて自分次第です。だから、そのような表現ではなく、

「運は上がるもの、下がるものである」

これが正しい表現でしょう。「運」はだれもがもっています。時代や環境やタイミングのちがいこそあれ、「運」とは**「どのように使うのか？」**が重要なポイントだと思うのです。そのためには**「どう育てるのか？」**ということも大事です。

「運」は、どこかから勝手にやってくるものではありません。

「運」のタネはわたしやあなた自身のなかにあります。それをどう育て、どう使うかによって、「運」は上がったり、下がったりするわけです。

「運命」、すなわち人生の道がどのようであるかも「運」の使い方がどうであるのか？　そこに大きく影響されていきます。


わたしの事例で恐縮ですが、産業廃棄物を回収する作業員兼トラックの運転手をやっていた時代、「もうこの仕事をずっとやっていくんだ」と心のどこかで思っていました。けっして投げやりにそう感じたわけではなく、

「少なからず社会貢献の一端を担っているならそれもいい。仕事に貴賤《きせん》はない」

そのときの心境はとても穏やかで、良いも悪いもないニュートラルな状態だったと思います。ただ、今見ているもの、感じていることを発信しよう。そう思ったわたしは、当時はスマートフォンやＳＮＳなどない時代でしたから、ワープロで文章を作成し、それをＢ４の紙に切り貼りしてつくったフリーペーパーを、コンビ

ニでコピーして友人知人に配布していました。

やがて、そのうちの1通が出版社の当時の社長の手元にわたり、入社するきっかけとなったことは事実です。運命が動き出した瞬間です。

今思い返せば、そうやってコツコツと、特別な下心もなく動いていたことが「運」を育て、「運命」を変える大きなきっかけにつながったのだと思います。

30代から40代にかけては、ほんとうにいろいろな出来事があったことにもふれてきましたが、すべてがふり返ってみると必要があって起きたことばかり。

「あのことがあったおかげで……」

と起こった出来事の真意がわかることで、人生が好転していきました。時間はかかりましたが、「宿命」を受け入れたとき、わたしはようやく人生のおもしろさに気づき、「運命」と「運」の関係性や使い方を腑に落とすことができたのでした。

では、それらをふまえたうえで、次稿の「8つのしくみ」をお読みください。

これだけは知っておきたい8つのしくみ

では、もっと具体的には、どのような「人生のしくみ」があるのか。

わたしが実感している**8つのこと**を書いておきます。

もちろん、人によっては取りあげる内容や表現もちがうでしょうし、大切にしている項目もちがうと思います。そこはご自身の感性で確認してみてください。

もちろん、「しくみ」を知らなくてもまったく問題ありませんが、これからの時代は知っておいたほうが事前にいろいろな準備もできて、人生の愉しみ方も変わると思います。というのも、これからは、今までわからなかったことがどんどん解明されていくと思うんですね。目に見えないからとわからなかったり、理解されなかったことが明確になったり。

「魂」というものの真相も、きっと明らかになると感じています。

【人生の8つのしくみ】
・自分で決めたことは生まれる瞬間に忘れる
・決めてきた宿題を解くために見合った出来事が起こる
・解決できない問題は起こらない
・出会う人とは必ずなにかの縁がある
・起こることすべてに意味がある
・肉体を離れるときにもっていけるのは「体験」したことだけ
・最期に自分で「人生」をふりかえって総括する
・次の行き先も自分で決める

［自分で決めたことは生まれる瞬間に忘れる］のしくみ

肉体をもって生まれるとき（旅やゲームのはじまり）、大まかなことは自分で決めてからこの世界にやってきます。**「大まかなこと」**とは、なにを学ぶために〝**人**〟になるのか、どんな環境に生まれるのか、どんな特性をもった肉体なのか、などです。

細かなことは体験してみないとわかりません。ざっくりとした感覚です。

そして、**「決めたこと（人生のシナリオ）」**を忘れます。なぜ、忘れるのかというと、どんなことが起きるのかを知ったままだと旅やゲームがおもしろくないからです。

先ほど書いたように今後は、いろいろな「しくみ」が理解されていきますが、自分が決めた「人生のシナリオ」は最後までわかりません。ゲームの結末や過程が逐一わかるのって、楽しくないですよね。それと同じです。

［決めてきた宿題を解くために見合った出来事が起こる］のしくみ

自分が決めた宿題に見合った環境で旅をスタートさせますが、様々なアトラクションが用意されています。それが〝きっかけ〟であり、冒険のはじまりです。「わたし」の学びに見合った出来事が順を追って起こります。「順を追って」というのがミソで、学んだことの度合いによって、次に起こることのエッセンスが決まるのです。これもざっくりと、です。

「わたしの心」やそれに共鳴する微細なバイブレーションが物事を引き寄せます。

精巧な化学反応が瞬時に起きて、おり重なっていくことで、日々の豊かさが生まれます。ただ、それが豊かなことかどうか、そのときのあなたの感性によって判断も変わることは忘れないでください。

「解決できない問題は起こらない」のしくみ

人生に起こることの「良い悪い」を決めているのは自分自身です。必要なことが、ベストなタイミングで、必要な度合いで起こります。決して解決できない、もっというなら乗り越えられない問題は起きません。一見、解決できないように見えても、必ず根本がクリアになり、納得できる瞬間がやってきます。

解決までの過程が、人生のグラデーションを彩り豊かにしていくのです。結果よりも、その過程にどう考え、どう動いたのか。それが人生の学びへとつながっていきます。

「出会う人とは必ずなにかの縁がある」のしくみ

「人のご縁」のしくみも、じつに巧妙にできています。**〝袖擦れ合うも多生の縁〟**という言葉があるように、人の「縁《えにし》」は複雑なように見えて、けっこうシンプルです。なぜ出会ったのか？　なぜご縁がふかいのか？　ふか読みしすぎるのはよくありませんが、縁の法則を知っておくと人と接するときに**〝思いやり〟**が生じます。

人として在ることの上位にあるのが「思いやり」を学び、味わうことなのです。それを学ぶ目標にしながらこの世界にいる人はとても多いです。人とのご縁は、そのような感性を育ててくれます。

「起こることすべてに意味がある」のしくみ

自分が決めてきた宿題（課題）を解くために必要なことが起こります。人間関係や仕事、お金など、起こることの表面的なテーマは、それぞれです。当然、わかりにくい出来事もあります。あまりにも巧妙すぎて真意がわかりにくいものです。

ただし「意味がある」の意味にとらわれすぎると大切なことを見失ってしまう場

合がありますので詮索《せんさく》は禁物です。どんなことが、いつ起こっても、まずはしっかり受けとめてから対策を考えるくらいの余裕はもちたいものです。

「点」と「点」が、やがてはつながって「線」となり、それがいつか「面」となって人生が立体的になっていくのです。


［肉体を離れるときにもっていけるのは「体験」したことだけ」のしくみ

お金や地位・名誉といったものは、肉体があってはじめて楽しめるのであり、肉体を離れるときはもっていけません。唯一といっても過言ではない〝もっていけるもの〟が「**体験**」です。人生で自分が体験したことは、「**体験したというエネルギー**」として「**魂**」に刻まれます。わたしたちの体をとおして味わったことや考えたことなどが残るのです。肉体は脱いでいるので「感覚」とはちがうし、「記憶」ともちがいます。でも体験したことは、すべて生きてきた証《あかし》としてエネルギーになって残るのです。そのエネルギーが次に向かうのは……？

それは、肉体を離れたあとにわかりますから、お楽しみに！

［最期に自分で「人生」をふりかえって総括する］のしくみ

ミニシアターのような場所をイメージしてみてください（P244に詳しく書きました）。客席はたったのひとつです。母親のお腹のなかから生まれて、この肉体を離れる間際まで感じたこと、思ったこと、話した言葉、ついたウソ、言われたこと、出会った人、行動したすべてのことなど、1分1秒たがわずスクリーンに映し出されます。すべて、です。

時間の感覚はもうありませんから、ほんの一瞬のこと。すべてを一瞬で体験するのです。ちなみに、このとき「体験したこと」の数が多ければ多いほど、スクリーンに映し出される映像（自分の体験）の真意がわかりやすくなるしくみです。解像度が高くなるような感覚といえばイメージできるでしょうか。

そして、自分で決めてきた宿題（課題）を思い出して、ちゃんと実行できたかどうかを自分で総括するわけです。ここで、あまりのギャップに恥ずかしくなる人も少なくないようです。後悔の気もちがふかまる人もいます。

「次の行き先も自分で決める」のしくみ

総括が終わってミニシアターを出ると、もうひとつ部屋があるイメージです。とても穏やかで、静寂で、落ち着いた場所です。そこで、これまでに体験してきた「人生」すべてをふり返り、「では、これからどうするのか？」を自分自身と相談します。

これからどうしたいのか？　ふたたび肉体に宿って新しい「人生」を味わうのか？　いったんお休みしてインターバルをおくのか。それも自分で決めるのです。自分が決めたことを「人生」でどれくらい消化できたかによって、「魂」の質が変わっていきます。どんどんと体験を重ねることによって、質も変化していきます。究極は、「宇宙」に関係していくようです。宇宙空間に流れていって、宇宙の振動数（バイブレーション）とかかわっていきます。

人生の8つのしくみ、いかがでしたか？

あなたの人生のなかで、静かな気もちで感じてみてください。

わたしたちが手に入れた「物語の力」

本稿の最後に、どうしてもふれておきたいことがあります。

それは、わたしたち **「人間」の特性**です。人類の意識の大きな動きや流れを感じながら時代を読み解くと、ある普遍的なポイントが見えてくるのです。そこから**未来を予見すること**もむずかしくはありません。

そうやって意識を読み解きながら、来るべき未来へと意識合わせをする必要性を感じています。なぜなら、わたしたちが住む日本の諸問題をどうやって解決するのか……そのヒントが、圧倒的に増える高齢者たちの意識がどこに向かうのか……今こそ意識のふかいところを潜る必要があると強く想《おも》うのです（詳しくは「第６のセンス」に記します）。

２０１６年に発刊された『サピエンス全史』という刺激的な作品が世界的なベス

トセラーとなりました。

著者のユヴァル・ノア・ハラリさんは、イスラエルの歴史学者です。彼の説によると、わたしたちの遠い祖先ホモサピエンスには紀元前約7万年前、「認知革命」という脳内の変革が起きたそうです。

それは、目の前にいない人に実態のないものを伝える能力……つまり想像力の賜《たま》物《もの》といったことでしょう。端的にいうなら「物語を生み、信じる力」が身につきました。その力によって、ほかにもたくさんいたネアンデルタール人とか、ホモエレクトス人たちが全滅したにもかかわらず、ホモサピエンスだけが生き残って、現在に至っています。

「物語を信じる力」がなせる技として、もっとも大きかったのが「宗教」と「貨幣経済」のふたつと言えます。

わたしたちの世界には、いろいろな宗教が存在します。キリスト教やイスラム教、仏教、ユダヤ教など、新興宗教まで含めると数えきれません。実際、〝神様〟がいるのかいないのかはさておき、聖書やコーランなど、壮大な物語をわたしたち人類の大半が信じてここまできました。そのような信じる心が、ときには争いにまで発展し、残念ながらいまだに収まりません。何千年もずっと地域や民族の争いがつづいています。不謹慎を覚悟で書くなら、それはもはや文化なのかもしれません。

わたしたちの暮らしに**「物語」**は欠かせません。

経済でも、文化でも、歴史でも……もしも物語が存在しなければ、あらゆるものがつながりを失うでしょう。物語はつ、な、が、る、ための、まるで接着剤のような役割を果たしている、といっても過言ではないと思います。

わたしたちの国であれば、神社や仏閣に行って、頭を下げたり祈ったりする行為も、広義で見るなら「物語にそって生きている」……と言えます。

貨幣という〝お金〟も、じつに物語性が強い存在です。

たとえば1万円札の原価は約20円だそうです。数字が印刷されただけの紙切れですが、国がその価値を保証しているため1万円として利用できます。ちなみに紙幣の製造コストは、1万円札が約20・4円、5000円札が約19・5円、1000円札が約10・4円程度です。

では、国が保障している価値って、なんでしょうか。それが**「価値があるという物語」**だと思うのです。原価約20円……つまり残り9980円こそが、「価値」という物語が生み出した目に見えない幻想です。わたしたちはその物語、その幻想物語をそのまま信じながら生活の大部分の時間を、お金を手にするための労働に費やしています。

これは、なんのために働くのか？　なんのために労働に時間を費やすのか？　といった各々の「仕事観」にもつながっていく人間の大きな特性でもあります。

わたしたちが暮らしている社会には、いろいろなものが存在しています。

人工物ならば100パーセント、どこかの誰かがひらめいたアイデアが源泉となっています。現代であればそのアイデアに賛同する人がいて、いくつかの話し合いが行われた末に企画会議を通過し、商品化が決定します。

その後、デザインや製造ラインが動き出します。そしてモノ（形のない場合もあります）が生まれ、人の手やテクノロジー技術がそれを運び、わたしたちの暮らしのなかで使われていく……おおむね、そうやってわたしたちの世界（社会）は形づくられていくのです。そのしくみ（真理）は時代が移ろっても変わることはありません。**「社会のしくみ」**と言い換えてもいいでしょう。

これが大きなポイントです。わたしたち人間の特性であり、この人間の世界が成り立っている根っこの部分です。一言で表現するなら、こうです。

人間の世界は「思い（想い）の総和」によってできている。

「思い（想い）の総和」とは、1人ひとりの〝好み〟をいうのではありません。もっとふかいところ……意識のふかい、ふかい、部分のことです。心理学者ユングが説いた**「集合的無意識の世界」**のこととも言えるでしょう。

このような人間世界の成り立ちを念頭において社会の動きを眺めていると、「人生のしくみ」と同様、いろいろなことが見えてきます。

たとえば、18世紀半ばから19世紀にかけて起こった「**産業革命**」は、まずはイギリスで始まり、社会や経済、労働、環境など、様々な分野に大きな変化をもたらしました。産業革命によって変わったことには、次のようなものがあります。

◎**生産性の向上**：蒸気機関を動力とする機械化によって生産力が飛躍的に向上し、商品の供給量が増加した。

◎**商品価格の下落**：商品の供給量が増加したことで、商品価格は下がり、様々な工業製品が一般庶民の手の届くものになった。

◎**労働力と労働時間の削減**：機械化によって労働力も大幅に削減され、労働時間も短縮された。

◎**資本・賃労働の関係の確立**：生産の場に資本家が労働者に賃金を支払って労働させる、いわゆる資本・賃労働の関係が確立された。

◎**世界の人口の増加**：産業革命を契機に世界の人口が増加し、社会の発展が経済の発展と同義にとらえられるようになった。

◎**大気や水の汚染の深刻化**：急速に人口が増えたロンドンなどの都市では、大気や水の汚染が深刻化した。

◎**食生活の変化**：大英帝国の民衆の食生活は、オートミールと牛乳、チーズ、パンなどを主体とした食事から紅茶、砂糖、バター、パンの生活へと転換していった。

これらが、わたしたち人間が自分たちの特性を活かした**「思い（想い）の総和」の集大成的な変革**であり、第一次産業革命のみならず、第二次、第三次へと世界レベルで広がっていきました。

そして現代では、原子エネルギーから再生可能なエネルギーの活用、コンピュータの発達によるインターネット技術や人工知能（ＡＩ技術）の拡充へと移行するデジタル革命が、第一次産業革命の変化以上の進化を生み出しています。

産業革命による社会の変化で、これまでになかった商品が製造され、消費欲も高まり、長くモノが社会全体をおおう時代がつづきました。

けれど、いろいろな産業が生まれ、「先進国」と呼ばれる国も生まれてきたなかで、いよいよわたしたち人間の「思い（想い）」は、**モノから意識の世界へ**と移行しているように思えてなりません。

モノで埋められていた欲求もある程度の沸点を極め、それでも止まることのない意識の熱量は、いよいよ**人間の心の奥ふかくの世界**へと進もうとしています。バーチャル（仮想的）な世界の構築が最たるもので、現実社会ではできなかった様々な試みが急速な勢いで試されています。そこで意識がどう変容していくのか。

世界のどの国よりも高齢化率が高まる日本の在り方がどう変わっていくのか、とても興味ぶかく、そこから諸問題を解くヒントを見出したい思いです。

「すべては必要あって起こるもの」……これは「人生のしくみ」にも共通することですが、わたしたちの国・日本が、これからどんな物語をつむいでいくのか、もっとも興味が尽きないところです。

ただ　それだけのこと

学んでみたいと決めたから
あなたは　ただここにいる

もっとちがう体験をしたいから
あなたは　ただそこにいる

決めてきたから　ここにいて
選んできたから　そこにいて

ただ　それだけのこと

わかりやすく　シンプルな世界

生きて味わったこと
最期はすべてを見せられて
あなたは　思い出すのです

自分が　なにを決めてきたのか
自分が　なにを選んできたのか

あんなことも　こんなことも
そういう意味だったのかと

ただ　それだけのこと

第5のセンス

〝セルフケア〟で神性を高める

カラダの健康が重要だということを
わたしは半世紀もすぎてから実感しました
どれだけたくさんの人たちの営みによって
カラダをつくってくれているのかを知るのは
長く旅を愉しむためにも大切です
自分のカラダをメンテナンスしましょう
けっしてむずかしいことではありません

「いのちのつながり」を知るきっかけ

ちょうど40歳になった年に、1冊の作品と出合いました。

『**いのちのまつり**』というタイトルの、自費出版でつくられたしかけ絵本でした。

沖縄を舞台にした「清明祭《シーミーサイ》」と呼ばれる先祖供養のお祭りにまぎれ込んだ男の子が、島のオバアと出会って「いのちのつながり」を教えられる内容です。

「坊やを産んだのは、だれねぇ？」

「……おとうさんとおかあさん？」

「そうだねぇ。では、おとうさんとおかあさんを産んでくれたのは？」

そうやってふたりの会話がはずんでいくなかで、男の子は「**ご先祖さま**」という存在に気づいていきます。連綿とつづいていくいのちの営みが男の子まで受け継がれてきたのは、ずっと、いのちそのものを途絶えさせることなくつなげてきてくださった、数えきれない人たち（ご先祖さま）がいてくれたおかげ……。

まだ小学校の低学年だった息子と、我が家に遊びに来ていた息子の友だち、彼らがその絵本にどんな反応を示すのか、思いきって読み聞かせてみたことがありました。

「坊やに、いのちをくれた人〜2人。おとうさんとおかあさんにいのちをくれた人〜4人。そのまた上に〜8人。そのまた上に〜16人。そのまた上に……もう数えきれないよ〜」

そうやって、折りたたまれていたしかけ部分は、約90センチの長さで広がっていき、そこには4000人ほどの人たちの小さな顔が描かれています。もちろん、みんなちがった顔です。そこにいるだれ1人が欠けても、坊やは生まれていません。

そんな、しかけ部分が広げられたとき、子どもたちからおどろきの歓声が上がったのでした。

「うわっ、すごっ！」

「こんなに、いっぱい〜！」

「みんな、ちがう顔だーーー！」

想像以上におどろいてくれた子どもたちの様子を見たわたしは、自費出版されていたこの絵本を、出版社を通して全国に届けるために動きはじめました。そして、2004年の秋。当時、わたしが所属していた出版社から全国発売されることになったのでした。


この絵本の反響は、刊行当初から上々でした。

この絵本自体がもっていた内容のすばらしさはもちろんのこと、時代のタイミングと**作品の「運」**も、うまくかみ合っていたのでしょう。物語の舞台となった沖縄での話題が、どんどんと北上して、まずは教育現場や児童館、図書館などで行われていた**〝絵本の読み聞かせの場〟**で取り上げられるようになり、口コミで作品の良さが語られる動きも広がって、少しずつ存在が知られることとなりました。

印象深かったのが、全国のおじいちゃん、おばあちゃんが、いろいろな場面で読み聞かせてくれたり、わざわざ感想を出版社にまで届けてくれたことでした。

思えば戦後の日本では核家族化が進み、昔のように多世代が一緒に住むことは少なくなりました。おじいちゃんやおばあちゃんと同居する子どもも稀《まれ》で、年に数回、顔を合わせる程度。つながっていた交流もすっかり途切れています。

絵本『いのちのまつり』では、いのちの大切さはもちろんのこと、おとうさんやおかあさんだけでなく、その上の存在……おじいちゃんやおばあちゃんのこともきちんとふれられています。**どんないのちもいろいろな〝いのちのつながり〟があって存在している……。**「ふだん、あまり会えないお孫さん世代に、この作品を届けたい！」そのような思いが、作品を知っていただくきっかけをつくったのだと思います。

また、大ヒット曲「涙《なだ》そうそう」で知られる歌手の夏川《なつかわ》りみさんが、ＮＨＫの教育番組**「テレビ絵本」**で朗読してくださったことも追い風となりました。

絵本が全国発売された2年後には、小学校で使われていた「道徳」の教科書の副読本に掲載されることが決まり、今では小学校3年生や4年生が使用する「道徳」の教科書にも掲載されるようになりました。

いまだに毎年、学校教育の現場で、この絵本が伝えている世界観を子どもたちが味わってくれていることは、わたしの大きなよろこびになっています。

そして、それと同時に、この絵本を手がけることによってわたし自身も、**自分のいのちのつながり**を再確認することができました。妻の死を体験した約2年後に、この作品と出会い、あらためて家族のことに思いをはせられたことも、ふかい悲しみを癒すきっかけとなったのでした。

孔子さんが残された「**四十にして迷わず**」という言葉を、後々になって心から実感することになるきっかけも、この絵本がもたらしてくれたことのひとつでした。

「**魂**」という存在にかんしては、10歳のときの体験からはじまり、その後、本の編集者となってからは著者の皆さんの体験を通して、読者の皆さんから寄せられた様々な声を通して、教えられることが山ほどありました。

前章にも書いたように、極めつけは家族で味わった「人間の死」でしたが、それも数年の時間をかけて、納得させられる体験が数えきれないくらい起きたのでした。わたしの「30代」は、それくらい**内面**（**精神性**）**をふかめてくれる出来事**のオンパレードだったのです。

しかし、新たに大きな気づきをくれたのが、40歳のスタートラインに立ったときに出合った『**いのちのまつり**』でした。そのときから、わたしのなかに「カラダ」というキーワードを意識する思いが芽生えたのです。

「魂」の学びとは、「魂」の存在だけで知り尽くせるものではありません。

「カラダ」という肉体の入れものがあって化学反応が起こり、**「人間としての本質**（**またはしくみ**）**」**を体験しながら学びをふかめることができるものなのです。

「カラダ」と「魂」、そして「心」。

その3つの関係性を理解したうえで、自分自身のカラダを**自分で整える（セルフケア）**ことによって、より「神性（霊性）」を高めていくことこそが、人としての大きな課題だということも、40代の10年間でよく理解できるようになりました。

わたしはまだ、カラダをもって生きている「人」ですので、神性を高めた結果がどうなるのかまでは理解しきれていません。

それでも、人の心が意識のふかい部分を感じられるようになってきた今の時代からは、**神性を高め合うこと、そして高めた神性を共有し合うことが、文明のスタンダードになるだろう……**そんな予兆を感じている自分がいます。

神性を高めるということ

「人間には命よりも大事なものがある。それが精神だ。精神の正しさ、美しさ、その高さだ。命が大事なものであり得るのは、精神が大事なものであると自覚して生きるからでしかあり得ない。精神が価値ではなくて、どうして命が価値であり得るだろう。なぜなら、命の価値について考えられるのは、精神があるからこそだからだ。生き延びることそれ自体、摂食と快楽を求めるだけの生なら動物の生に等しい」（原文ママ）

これは、だれもが哲学になじめるよう、わかりやすく**『14歳からの哲学』**という名著を書いてくださった文筆家・**池田晶子**《いけだあきこ》さんの言葉です。背筋がシャキッと伸びるような気もちの良い文章ですね。気に入っていて音読するときがあります。

ちなみに、茨木のり子さんの**「自分の感受性くらい」**と金子みすゞさんの**「蜂と**

神様」などもわたしの音読リストに入っています。自分の声で、〝**言葉**〟を読んでいくと、その奥に潜んでいる**言霊のふかいところに〝音〟でふれられる**ような気がします。

わたしの感性が、その音に共鳴するのです。

音のバイブレーションは、魂に響き、精神性を養います。

わたしは、東城百合子先生、佐藤初女先生、辰巳芳子先生という3人の「心の師匠」との交流から、晶子さんが書かれていた「精神」を「**神性**」という言葉に置き換えたいと思います。

「**いのちよりも大事なものが精神**」——晶子さんの素敵な言葉です。

生きている間、わたしたちはいろいろな体験をしますが、定められた「**宿命**」を生まれたあとから生じるご縁でつむぐ「**運命**」**という現象**でどう生きるのか……その観点から見ても、「**人の神性**（**精神**）」は後発的で、はじめから固定されたものではなく、まるで生きものを育てるように、いくらでも成長するものだと感じています。

いかに「神性」を成長させられるかが、人生のダイナミズムのひとつと言ってもよいでしょう。

人生が100年時代になったからといって、ただ生きていればいい……というものではありません。わたしたちのふかいところは肉体が長らえることだけを求めているのではなく、**神性の成長**をいちばんに望んでいるのではないでしょうか？

だれもがカラダの健康ばかりに注意を注ぎがちですが、もっと神性を育てることに意識と時間をかけるべきだとわたしは思います。

カラダのことを気にするようになったのは、東京都内での生活をすべて整理して、神奈川県茅ヶ崎市に引越しを決めたときからでした。ちょうど組織からも独立したタイミングで、海まで徒歩圏内で行ける静かな町に独りで移り住みました。

53歳……お祭り騒ぎのようだった息子の思春期もとおりすぎ、本人も20歳の成人になった年。亡くなった妻も、もう子育てを手放しても怒らないだろう。やれることはやったつもりだから。会社を離れることに不安もありましたが、残りの人生を考え直したくて、いったんすべてをリセットする決断をしました。

残りの人生をどうやって生きていこうか。

気ままに考えてみる自分の時間がほしかったのです。

暮らしを移動させてから最初にはじめたのが、**アーシングと走ることをできるだけ日課にすること。**幸い海辺の町だったので、体調が良くて走れるときだけ海岸線を走ることにしました。なるべく自分に負荷をかけすぎず、ゆるい気もちで……。


アーシングは、米国カリフォルニアが発祥で、欧米ではポピュラーな健康法のひとつです。毎日30分くらいを目安に、素足や素手で大地や砂浜、または水にふれることをいいます。自然の力にふれることによって、体内にたまった不必要なエネルギーや毒素を外へと排出することができるのです。

海が近いというのは最高のロケーションでした。ほぼ毎日、時間を見つけては両足の太ももくらいまでを海水に浸しながら、目を閉じて心を落ち着けます。寄せては返す波の音と海水のゆれるリズムが、心臓の音と体液が流れるリズムに同調していくのがわかりました。

走ることについては別稿にゆだねますが、わたしの場合は、**発想する、アイデアとつながる、アイデアを受けとる「器」を育てる**ことにつながりました。海岸線という開放感あふれた場所は走ることに最高に適していて、とても豊かな時間をすごせました。

そんな時間をすごすなかで、わたしには、ある想いが生まれてきました。

もともとわたしは、これからの日本の未来を考えるとき、人口の大半を占めるようになる高齢者世代が、どのような暮らし方や考え方をしながら人生を充実させていくのか……それが大きな課題になると思っていました。

「アンチエイジング」や「高齢者施設の充実」などを否定するわけではありませんが、そのような表面をいじる策ではなく、もっと根本的なこと、ものごとをふかめていく考え方が必要だと思いはじめたのです。

自分自身が60歳になるまでの50代。いろいろなことにチャレンジしながらタネ撒きをして、適度にお水もあげながら、せめて芽が出るところまでやってみよう。

どんなタネが撒けて、どんな芽が出るのかはまったくの未知数ですが、新しい暮らしのなかで心機一転、1から出直すつもりで活動をはじめました。

※その後、まだ小さな芽ではありますが、2020年の10月に初の著書『情報断食』を出せたこと、コミュニティサロン「風の町」を立ち上げたこと、そして新しい映画の制作（コミュニティムービー「30」）をはじめたことへとつながっていきました。

考えること。考えをふかめていくこと。

「ふかめていく」というのが意識したいポイントです。


カラダのことを考えたとき、病気になる要因は様々です。暴飲暴食などが原因で病を体験することもあるでしょうし、なにかのウイルスに感染することがきっかけの場合もあります。また、もともとその人がもっていた遺伝的な要因から病が発生してしまうことだってあります。

ただし、それらは、ほんとうに表面的なことだと思うのです。カラダに起こることって、なにかしらのメッセージや気づきをもたらすことが多いものです。もちろん、いのちにかかわる病もありますが、「ただカラダだけが健康であればいい」というものではけっしてないことを年齢とともに理解したほうがいいでしょう。

これからのわたしたちが、もっと大切にしなければならないのは、本稿の冒頭に引用させていただいた池田晶子さんがおっしゃる**「精神の正しさ、美しさ、その高さ」**だと思います。

あらためて3人の「心の師匠」たちの想いに重ねるなら**「神性」**です。

一人ひとりのなかにある「神性」。人間と動植物の大きなちがいこそ、この**「神性」が宿っているかどうか**……だとわたしは思います。そして、その「神性」をいかに育てるか、カラダを通して、心を通して。それが年齢とともに生きていくことの重要性なのです。

わたしたちは**「肉体」**だけで成り立っている存在ではありません。

この肉体に「**魂**」というエネルギー体が宿ることによって「**神性**」も生まれ、この3つがそろうことで「心」(=人間の感情、意志、思考、意識、パーソナリティなどの多様な要素を含む複合的で主観的な概念)がむくむくと育っていきます。

同時に脳が、人間の思考、感情、行動、そして体の自律的な機能を制御する中枢として、やはり育っていくのですが、「心」と「脳」は年齢を重ねていくにつれて機能が向上していき、それとともに**「魂」と「神性」は器が大きくなっていく**ような感覚です。

「魂」と「神性」という、ふたつの器が大きくなればなるほど、その人のお役も比例して大きくなっていくしくみです。お役とは、カラダをもっているこの世界で、**どうやって人をよろこばせられるか**……ということです。

「わたし」の存在そのものが人の役に立つことこそ、この世界で体験できる**最大級の学び**だと言えるでしょう。

「肉体」……これは言い換えれば乗り物ですから、月日を重ねることによって機能が衰えたり、老化したりします。これだけは、どなたにも等しく起こる現象で、赤ちゃんのままですごすことなど、だれにもできません。赤子が老人になって最後を迎えるのが**「いのちの時間」であり「人生の道筋」**なのです。

この有限の時間をどうやって生きるのか、すごすのかは、すべてあなた次第です。決まった正解がないぶん、迷ってしまうことがほとんど。でもじつは、迷うこともまた、人生ならではの醍醐味なのです。それを味わうために、わたしたちは生まれる選択をしたといっても過言ではないでしょう。

わたしたちのいちばんの目的は、人生という旅を愉しむこと。そして愉しみながら「魂」を大きく成長させることです。

そのためにも**「神性」を育てる〝セルフケア〟**が大切なのです。

走るときにわたしが考えていること

年齢からすると、走るより歩くほうがいいことはわかっていますが、なるべく日常の呼吸とはちがう有酸素運動を……と考えると、やはり歩くよりも走るほうを選んでしまいます。

海の町・茅ヶ崎に移り住んでから日常的にはじめました。

走る速度はけっして速くありません。だいたい時速7〜8キロくらい。フルマラソン（42・195キロ）で換算するなら約6時間くらいでしょうか。もちろん、途中で休憩をとるので、実際にはもっとかかります。

マラソンに興味のない人には、それが速いのかどうか、わからないですよね。

ちなみに、フルマラソンの世界記録保持者は、男性がケニアのケルヴィン・キプタムさんで2時間0分35秒（2024年10月現在）。女性が同じくケニアのルース・

チェプンゲティッチさんの2時間9分56秒（2024年10月13日世界新記録更新！）です。時速ならば20キロ！　まったく比べものにならないタイムで、同じ人間とは思えません。50メートル＝9秒の速さでずっと走りつづけるイメージです。

当然、世界記録にチャレンジするために走っていないので目標にするつもりはありませんが、それくらい人によってのちがいはあるものです。

走るときは、なるべく**頭の中を空っぽ**にします。

「なにも考えないようにする」というよりは、頭の中に広場……小学校の校庭くらいの大きさの空間をイメージして、そこからひとり、ふたりと、人がいなくなっていく映像を描きます。考えている、というよりは**〝思い浮かべている〟**といったほうが合っているかもしれません。

だんだん頭の中の広場の空が薄暗くなってきて、いよいよだれもいなくなると、自分が登場する……そんな空想です。姿はありません。**〝わたしの意識〟**が広場に漂いはじめるのです（怪しげですが、あくまでもイメージの世界）。

ブランコも、ジャングルジムも、すべり台も、全部独り占めです。

遊び場をつくりたいわけではありません。そこは、**「発想のワンダーランド」**。その空間は、頭の中に浮かんできたいろいろなことを、すべて受けとめられる〝**遊園地**〟だと勝手に思い込むわけです。名づけて**「遊園地想像（創造）計画」**。

だれも、わたしが走りながらそんなことを考えているとは思わないでしょう。黙々と走っているおっさんの頭の中が、そんなことになっているなんて……。

「瞑想」を実践するときは、ひたすら静寂を求めて、心の中を〝空〟にしますが、走っているときは肉体だけでなく全身の細胞すべてが動いているので、躍動感のあるイメージがほしいと思いました。

でも、その根本は「瞑想」と似ているような気がします。

あくまでもわたしの場合ですが、〝**空**〟**にすることと**〝**空っぽ**〟**をつくること**は、求める作用が同じなのかもしれません。アイデア（発想）を受けとめる「器」がほしいのです。できるだけ大きなサイズの入れものが……ほしい。

走ることが好きになったきっかけの話です。

２０１４年の12月。ちょうど50歳を迎えた記念に初のホノルルマラソンに参加しました。人生初のフルマラソンです。

本番の約半年くらい前からトレーニングをはじめました。と言ってもチャレンジというカッコいい姿勢よりは **〝人生のエンタメ〟** 的な要素のほうが大きかった。残りの人生をもっと気楽に生きるために、逆に負荷をかけることで **「心に余白をつくりたかった」** のかもしれません。もっと思考が遊べる遊園地のような余白がほしかった。

どうも昔から **「逆軸のものを同時にやりたがる傾向」** がわたしにはありました。きっとものわかりが悪いのでしょう。一方だけを味わうのではなく、反対のものもできるだけ味わって、そのうえで自分なりのスタンスを決める……というような。なにごとも人より時間がかかってしまう性格は、ある意味そのような不器用さからきているのかもしれません。

エンタメ性も味わうために、とにかく初体験は、ゴールまでの時間よりも完走をめざして走りました。

はじめてのマラソン体験のとき、何度も読み返したのが小説家・村上春樹《むらかみはるき》さんのエッセイ**『走ることについて語るときに僕の語ること』**でした。まるでいつも横にいてくれる友達みたいな関係で、どこへ行くにも携帯していました。

この本は、33歳でランナー生活をスタートして、同時に小説家としても本格的な出発点に立った村上春樹さんの〝走ること〟についての記録でもあります。

本文に書かれた名言の数々にどれほど助けられたことか。好きな言葉をいくつか引用します。

〝継続すること——リズムを断ち切らないこと。長期的な作業にとってはそれが重要だ。いったんリズムが設定されてしまえば、あとはなんとでもなる。しかし弾み車が一定の速度で確実に回り始めるまでは、継続についてどんなに気をつかっても気をつかいすぎることはない。〟

〝昨日の自分をわずかにでも乗り越えていくこと、それがより重要なのだ。長距離走において勝つべき相手がいるとすれば、それは過去の自分自身なのだから。〟

〝Pain is inevitable, Suffering is optional. それが彼のマントラだった。正確なニュアンスは日本語に訳しにくいのだが、あえてごく簡単に訳せば、「痛みは避けがたいが、苦しみはオプショナル（こちら次第）」ということになる。

たとえば走っていて「ああ、きつい、もう駄目だ」と思ったとして、「きつい」というのは避けようのない事実だが、「もう駄目」かどうかはあくまで本人の裁量に委ねられていることである〟

走っているとき、カラダはアミノ酸や塩分をほしがりますが、わたしの場合、心は**「言葉」**をほしがりました。自分にとって励みになるものや、時代を経てもゆるがない普遍的な言葉の数々です。

もともと言葉をあつかう仕事をしているので、言葉の力をよりふかく知っていることも影響しているのかもしれません。

先にあげた村上春樹さんのエッセイ集は、ほんとうにたくさん励みになったし、文体がかもしだすリズムが、そのまま前に、前にとくりだす自分のランニングシューズのリズムと重なって、「もう走れない！」と思ったときの次の一歩をふみだす力になったものです。

そして、もうひとつ。修道女マザー・テレサさんの有名な言葉は、いつどんなときも走っているわたしに勇気と希望と確信をもたらしてくれました。この言葉を反芻しながら何度も苦しいときを乗り越えられました。大好きな言葉です。

思考に気をつけなさい、それはいつか言葉になるから。
言葉に気をつけなさい、それはいつか行動になるから。
行動に気をつけなさい、それはいつか習慣になるから。
習慣に気をつけなさい、それはいつか性格になるから。
性格に気をつけなさい、それはいつか運命になるから。

２０２４年の12月。還暦をむかえた自分への記念として、10年ぶりのホノルルマラソンに参加します。この原稿を書いているのは、本番のひと月半ほど前なのですが、結果がどうなっているかは想像もつきません。

今回のテーマは「歩かないこと」。どこまでやれば準備万端と言えるのかなんてわかりませんが、とにかく歩かずに走りつづけよう、と。

もちろん休憩はしっかりとります。どうしても走れなくなったときは、限界を越えそうな手前でちゃんと休もうと決めています。でも、歩かない。だらだらと散歩を楽しむようなことはしないでおこう。

頭の中に描く「心の広場」には、どんなアイデアやひらめきが降りてくるのでしょう。はたまた、そんな余裕なんてないかもしれませんね……。

いつの日か、もう走ることがしんどくなって、ウォーキングに換えたとしても、そのときはそのとき。柔軟に歩いていける自分であろう。

それまでは、なるべくちょっとでも走ろう。

前を向いて、走ろうと思うのです。

「息」の循環と最期の呼吸

2024年の夏。とても貴重な体験をしました。

初登山で、富士山の山頂にたどり着くことができたのです。

もともとは、フルマラソンを走りきるためのトレーニングをスタートさせるきっかけのつもりで、ツアーに参加したのでした。ところが、もちろん初登頂のよろこびもすばらしいものだったのですが、想定外にも、それがあらためて**「呼吸の大切さ」を知るきっかけ**となったのです。

そのとき感じたことを忘れたくなくて、ノートに書き殴りました。

書いたときの文体のまま、温度感のまま本書にも再録することにします。

彼女は、ずっと静かに呼吸をしていた。

わたしと4歳になった息子は、そっと互いに両方の手を握りしめながら見守るように、そのようすを眺めるしかなかった。


2002年の1月、寒さが厳しい冬の昼間12時のこと。

〝原始呼吸〟だと医者は言う。カラダはもうボロボロだけれど、37歳という若さの心臓は、最後の力をふりしぼって生きようとしている、そうだ。


胸が小さく動くことでしか彼女の「生」を確認することはできない。とにかく静かな呼吸だった。これまでのことが何もなかったかのように……穏やかだった。


末期癌との共存はやはり難しく、病魔がカラダから無くなることはなかった。

あのとき、息子はどんな気持ちだったのだろう、と今でも思うことがある。

消えようとしている母親の命の灯を、彼はどう感じていたのか。

いまだに聞いたことはないけれど。
聞かないほうがいい気がして。
2024年の7月8日。
はじめて登山にチャレンジして富士山の山頂をめざした。
還暦記念に走ろうと決めていたホノルルマラソンの準備のはじまりとして。
標高3776メートル。7号目あたりから酸素量が下界の3分の2ほどに減る。
吸うよりも吐く息が大事だとガイドさんに教えられた。

「吐く息が肝心ですよ。しっかり吐き出せれば、しっかりと吸える。呼吸が浅くなると危険です。酸素が全身に回らなくなって軽い高山病を体験する人が多い。頭痛と吐き気をもよおす可能性が高くなります」

吸うよりも吐く、か。母親の羊水のなかで生きている胎児は、わたしたちのような肺呼吸はしていない。へその緒を通して母親から栄養と酸素をもらいながら生きることができる。

しかし、28周目あたりから羊水を飲んで肺のなかでふくらませることで、呼吸の練習をするのだそうだ。

晴れて産声をあげる瞬間、人は初めて肺で呼吸をする。

約15時間、険しい山道を歩き続けながら、とにかく呼吸のリズムをつかみ、めいいっぱい肺をふくらますように息を吸った。そして、吐くときも、もう吐けないくらいまで吐いてから、思いきり酸素を吸い込んだ。

リズムを刻もう。自分なりのリズムを！　それだけを考えていた。

はるか彼方にある山頂を夢みながら、リズムを組み立てた。吐いて吐いて、吸って吸って、吐いて吐いて……思いきり吐く、思いきり吸う。それだけに集中する。

肺のなかの膜がふくらんでいくのがわかった。ひと呼吸、ひと呼吸。カラダ中に酸素が巡っていくのも感じられた。薄くなっていく酸素にカラダの機能が低下しないように、全細胞に話しかけるようにして歩いた。

37兆個もある人間の細胞は、「思い」「環境」「食事」によって、本来もっている細部たる機能を、オンにしたり、オフにしたりするそうだ。だから、ふだんからどんなことを思って、どんな環境のなかで生きながら、カラダのために何を食べているかが、とても大切になる。その3つが、ひいては姿勢に影響し、それが呼吸にも影響する。当然、全身をめぐる酸素量にも響いていく。

初登山、初富士の頂上を目指しているとき、生まれて初めて、心から酸素を愛おしく思えた。今まで60年間も生きてきて、考えたこともなかった。

わたしたちは、間違いなく、こうやって生かされている。込み上げるような想いに駆られて、何度か涙が頬をつたった。呼吸ができるよろこび。

侘びながら歩いた。深く吐いて、大きく吸いながら侘びた。

生きてきた、すべての瞬間において感謝が足りなかったことを。


……遠い日の午後3時……。

長らく続いていた原始呼吸も、いよいよ終わりのときが近づいてきた。

彼女の……妻の穏やかで静かな呼吸が、小刻みに乱れてきた。

カラダの小さな上下運動がはじまり、担当医からも「死」が近づいてきたことを知らされた。悲しみよりも「ありがとう」の気持ちが湧きあがってきた。


「ありがとう、ありがとう。ゆっくり、休んでいいよ」


息子は、じっと母親の顔を見ていた。

最期の瞬間、背中をのけぞるようにして、天井に向かってお腹が突き出された。

すぅっと盛り上がった腹の山が、静かに、なめらかに落ち着いたのと同じく、彼女の口から、それまでよりも多くの息が吐き出された。

まさしく、それが「息を引き取る」瞬間だったように思う。

そして、そのとき……一瞬。何かが彼女のカラダから抜けたのがわかった。

「今、抜けた」

それが「魂」なんだと、わたしは確信したのだった。


2024年。7月9日の早朝7時過ぎ。

強風にさらされながら立っている富士山の山頂で、なぜか妻だった人の最期の呼吸を思い出している自分がいた。背筋を伸ばして、自分の肺の上に両手を置いた。

そのまま吐けるだけ吐ききってから、わたしは今までより大きく息を吸い込んだ。

22年間、この地球をめぐりめぐってきた彼女の「最期の呼吸」を吸えた気がした。

手をつなぎながら

手のひらをながめてみた
シワがふえたなぁ
シミだって　いっぱいある
もう60年もつかってきたのだもの
シワやシミも　できるさ

89歳になった　母の手を見る
枯れた枝のようになっていた
ずっと見たことがなかったから
ちょっと　びっくり

とおい昔　母に手をにぎられて
いろいろなところに
連れて行ってもらったっけ
やさしい手だった記憶がうっすらよぎる

たまに会って　少し話をして
じゃあまたね　って別れるとき
母の手を　両手でにぎることにした
細くて　冷たくて　でも柔らかい

どこか　行きたいところはない？
手をつなぎながら　行ってみようね

第6のセンス

「編集力」を味方につける

よくよくまわりをながめてみると
この世界には編集されたものが
たくさんあることに気づきます
あれや、これやを組み合わせて
新しい価値やメッセージを生みだす
「編集力」を味方につけることで
もっと人生が豊かで愉しくなるのです

「編集」の定義にふれよう

わたしは、「人生＝自分のいのちの時間」を生きるなかで、もっと**「編集」という考え方**、または**「編集力」というエネルギー**を活かしてほしいと願っています。すでに人間の機能の一部として、それらが備わっていることを知っていただきたいのです。

わたしたちは、常になにかを考えています。置かれている状況や環境によって考えるネタ（内容）は人それぞれですが、なにかを問いかけ、思い、考え、決断し、選択している……「脳」はじつに忙しい毎日です。

英国ケンブリッジ大学のバーバラ・サハキアン教授の研究によると、人は1日に最大35000回の選択をしているといわれています。「そんなに？」と思われるかもしれませんが、たとえば朝起きてからなにをするか？　朝食は食べるかどうか？　なにを着ていくのか？　何時にどこに行くか？　今からなにをはじめるか？　など。

たしかに、ちょっと数えてみるだけでも、かなりの量のことを**「選択→決断→選択」**とくり返しているのがわかります。現代人は、やることが多くて忙しいので、絶えずなにかを考えずにはいられません。頭の中はハイスピードで情報が巡っています。

この選択や決断の連続こそ、じつはすでに**「人は毎日を編集している」**という文脈とつながっていると思うのです。「編集」という言葉そのものが、なにか専門的な、特別な技術を要する雰囲気を漂わせてしまい、馴染みにくさを感じさせるのかもしれません。でも、知っておいてください。

「編集」は、とても日常的で、だれもがふだんからやっていることなのです。

出版社に入社して、人生ではじめて**「編集」という仕事**にかかわりました。

雑誌編集者の場合は、企画したテーマに合わせた活字原稿のほか、写真やイラストなども手配し、そこにデザイン（レイアウト）をあてはめていく……文字どおり**〝集めて編む編集〟**をやっていました。このときの編集とは「映像を編集する」や「音楽を編集する」と同じように、どちらかといえば技術的で専門的なスキルを必要とする作業にあたいすると思います。職人気質な感覚も必要でした。

書籍編集者の頃は、雑誌の仕事内容とは、まったくちがうスキルを要しました。なにかを〝集めて編む〟というよりは、本のテーマにそって内容を構成し、原稿にかんしても、雑誌のようになにかを紹介（説明）するものではなく、たとえるなら**「深堀りしていく感覚」**に近いものがありました。

決まったテーマに合わせて著者が書いてきた原稿に、書籍編集者はちょっと意地悪な第一読者となって、いろいろなことを確認しながら読んでいきます。

テーマに合っているかはもちろんのこと、章立ての流れはどうか？　読者が必要としていることが書かれているか？（読者にとって）発見はあるか？　おどろきはあるか？　など、チェックしながら赤字を入れていくのです。

本文の原稿がある程度形になってくると、カバーなどの**ブックデザイン**（**装幀**）や**本文レイアウトデザイン**に着手しはじめます。タイトルをはじめ、どんな雰囲気のデザインを考えているのか、タイトルの文字を大きく見せるのか、色で見せるのか、または写真やイラストを使うのか……デザイナーとの打ち合わせを重ねていきます。

「原稿＋本文レイアウトデザイン＋カバーデザイン」……大まかにこの3点をそろえていくこと全体が「本の編集」の主な仕事になります。

ただし、最近では、本を制作する作業のほかに、本が仕上がってからのプロモーションや著者を交えた企画（トークなどのリアル＆オンラインベントやSNSでの情報発信など）を提案し、実施していくことまで書籍編集者の仕事に加わりつつあるような気がします。どちらかといえば、プロデューサー色が強くなってきた感じです。それは、本が読まれなくなった時代だからこその現象かもしれません。

ここまで話してきた**「編集」**は、雑誌も本も、やはりテクニカルな要素が強い、仕事のジャンルとしての域に存在しているものだと思います。一方で、わたしが本稿の冒頭に書いた「編集」とは、もっとざっくばらんな、感覚的で無意識の領域で発動している行為をさしています。

「第3のセンス」でもふれた辰巳芳子先生から**「スープ料理」**を習っているときに痛感したのは、**「料理」**とは、とても編集的な行為だなぁ……ということです。

素材それぞれがもっている味や特性を考えながら組み合わせて、そこに調味料やスパイスを加えて目的の味に近づけます。なにかひとつでも違和感があると味全体に影響します。

色味も大切です。組み合わせるタイミングによって、微妙に変化しますから。そしてなによりも、つくり手は食べていただく人（お客様や家族、恋人、友だち）がよろこぶ笑顔を想像しながら料理をつくります。その時間すら**「編集的な時間」**と言えるかもしれません。

毎日、着ていく服を選ぶことも、とても編集的な行為です。あれと、これと、それを組み合わせて、その日の気分にあったコーディネイトを決めていく。自分で決断できない男性は奥様にアドバイスをもらったりして……なんていう場合もありますよね。

アップル社の創業者スティーブ・ジョブズさんが、そのような時間を省くために、気に入った同じ服をいくつも仕入れていたのは有名な話です。それも、その人の個性を表現した「編集」だと思います。

こうやって見ていくと、なんだか少しだけ「編集」という言葉が身近になってきませんか？

「なんだ、編集って組み合わせることなのか！」

そう考えると、わたしたちはけっこう日常的にいろいろな「編集」をしていることに気づくはずです。人はだれもが、仕事、暮らし、人間関係、夢の実現、イメージ（空想）など、たくさんのことを組み合わせながら日々考えをめぐらせています。

「はじめに」でも書きましたが（P10）、わたしが思っている「編集」の定義があります。ある人が提案されていた考え方で、とても共感したので使わせていただいているのですが、それは次のようなフレーズです。

「編集」＝あるものとあるものを組み合わせることで、新しい価値やメッセージを生みだす

ただ組み合わせるだけではなく、そこから新しい価値やメッセージを生みだすこと、そこまでを「編集」という……。とてもクリエイティブなことだと感じます。そして、そのような考え方＝定義をもたせることで、より「編集」という行為に躍動感が生まれると直感したのです。

たとえば、累積赤字が500億円（標準財政規模の8倍の借金）を超えて、北海道夕張市が財政破綻したニュースが日本列島に激震を走らせました。行政が企業のように破綻するなんて、それまでには考えられないことです。

このニュースを知ったとき、わたしは即座に**「編集力」**のことを考えました。行政が破綻すると、いったいなにがどうなるのだろうか？　逆に破綻してできなくなることを知ることによって、行政を構成していたものが見えてくると思ったのです。**〝逆編集〟**のような発想です。

実際は、ゴミの回収などの行政サービスが停止しました。下水道などの使用量は66パーセント、市民税も約20パーセントの値上げ。小中学校の統合が余儀なくされて、人口の激減や高齢化率の上昇が起こりました。

すでに起こりつつある少子高齢化や労働力の減少傾向を考えると、第2、第3の夕張市が出現する可能性も充分、あります。

ひとつの行政を見てみても、いろいろなことが組み合わされて、編集されて成り立っていることがわかりました。そこから、日本社会の未来を編集的な発想で組み立てていくことが必要なのでは……と直感し、課題と課題を組み合わせることで新しい提案ができたり、町づくりの考え方にも応用できたりするのではないかと発想を膨らませたりしはじめました。

そんなことを思った数年後、先にも取り上げた〝編集の定義〟を知ることになり、ますます自分のなかの**「編集思考」**が形になってきたのでした。

いきなり町づくりのような大きなテーマにはチャレンジできませんが、そのような「編集思考」で自分の人生そのものを見つめるようにもなりました。あんな体験をした、こんな体験をした。それを「点」のまま終わらせるのではなく、体験を経験に変えて、「点」と「点」を線で結んでみることで、自分がやれることがふえる気がしたのです。

これまで自分がどんな人生を歩いてきたのか「自分史」を書きだし、体験したこと、そのときの思い、体験した結果などをフラットにしてみました。そうすると、思いもよらない組み合わせで、新しくできることなどが見えてきたのです。

それは、自分の人生の視座を広げることにもなりました。そうやって「編集力」のすばらしさをわたし自身が実感するようになったのです。

もともと日本は「編集力」が高い国

中国から日本に「漢字」という文字が入ってきたのは、およそ1世紀頃。その後、漢字を読み書きできる能力をもった人がふえたのは6世紀〜7世紀になってからで、中国大陸や朝鮮半島から儒教、仏教、道教を取り入れ始め、まだまだ一部でしたが識字率があがったことがきっかけでした。

平安時代の9世紀には平仮名や片仮名が登場し、大正&昭和期になると一般的な庶民にまで広まったようです。現在、わたしたちが使っている日本語には英語圏では通用しない日本人独特の「**和製英語**」も加わって、さらに豊かな言葉になっています。最近では絵文字なども、言葉の代わりになりはじめているほど。日本語を勉強している外国の方に聞くと、「もう複雑すぎて頭が混乱する」と言っていました。

「1匹《いっぴき》、2匹《にひき》、3匹《さんびき》……」

数がふえると発音が変わったり、飲み物を数える「**杯**」という単位が、海のイカを数える単位と同じだったり。尊敬語に謙譲語、丁寧語など、とにかく、バリエーションがありすぎる、と。世界中どこの国を見ても、こんなに**編集的な組み合わせから豊かな母国語を生みだした国**はないでしょう。

そして、それは、言語の世界だけではありません。

日本は、インドや中国から**仏教文化**を取り入れました。

インドの仏教は、釈迦（ブッダ）の教えが口伝によって弟子たちに受け継がれて広まりました。徹底した平等思想は、インドの階級社会に反対する教えであったことも背景にあります。

中国の仏教は、インドから中央アジアを経て中国に渡っていき、釈迦の戒律を重んじつつ、もともと民衆に定着していた儒教や道教などの思想との結合を通じてうまく「仏教の中国化」を成し遂げました。思想文化が豊かな中国らしいエッセンスが仏教文化にも色濃く反映されています。

それでは、日本はどうなのか？

日本は、インド仏教と中国仏教の両方をうまく取り入れながら「**神仏習合**《しんぶつしゅうごう》」という思想を生みだしました。

6世紀に大陸より伝わった仏教と、古来日本列島にあった神の信仰・神道が密接に結びつくことで成立しました。そこから神社の本殿に仏像を祀る、仏教寺院の境内に神殿をかまえるといった文化が生まれたのです。

インドや中国からすればありえないことでしょうが、そのような文化をつくることができたことからも、**日本人がもっている「編集力」**が感じられるとわたしは思います。そのままを活用するのではなく、**編集力でアレンジしながら、よりみんなが使いやすいように新しい価値を見出していく**のです。

神仏習合の時期は奈良時代からはじまりましたが、明治時代の「神仏分離政策」(1868年)によって禁止されました。神道と仏教は役割の異なるものとして、神社とお寺は別々に運営されることが法的に決まったのです。

ところが、多くの日本人は、仏教と神道の習慣（信仰）を今でもバランスよく受容しています。たとえば、子どもが生まれたときには神社（神道）にお参りし、お葬式はお寺（仏教）で行うという人が多数派です。

わたしが拠点のひとつにしている**京都に**は、今でも神仏が融合された文化が残っています。**「清水寺《きよみずでら》」**の建物は、配置が神仏習合思想を顕著に表していますし、**「八坂神社《やさかじんじゃ》」**については、神仏分離令以前は「祇園社」「祇園天神」「祇園感神院」「祇園牛頭天王」などと呼ばれ、神仏習合の古社として知られています。

このように、異国の文化や神々を受け入れながらも独自の文化を築いていくところが**日本人の感性がなせる「編集力」**といえるでしょう。

そのような視点で、歴史から日本を見てみても、いたるところで「編集力」が活用されているのがわかります。特に戦後は米国の文化を積極的に取り入れ、編集し、独自の文化へと成長させることに成功しています。

特に堅調なのが自動車業界で、欧米の自動車メーカーの技術を最初はマネながら、そのうちただマネるだけでなく、技術もデザインもクオリティーも向上させながら、もっとみんな（大衆）が使いやすい商品を開発しています。

家電製品なども同じように、マネはするのですが、技術力では抜群にマネされた国の技術を上回ります。そうやって日本のあらゆる製品は、故障しにくく信頼できるというイメージで世界中に受け入れられました。

つまり、70〜80年代、日本の高度経済成長を支えた大きな理由のひとつが、**日本人の編集力の高さ**にあると思うのです。

今でこそ世界中で人気の高い日本の漫画ですが、戦後の漫画界の巨匠となった水《みず》木《き》しげるさんや手塚治虫《てづかおさむ》さんの作品を見ていると、アメリカンコミックからキャラクターを学んだことがわかります。

ところが、これもただマネるだけでなく、日本の漫画は作画の繊細さが独特で、色づかいにかんしても独自の世界観を構築しています。近年、宮崎駿《みやざきはやお》さんや庵野秀《あんのひで》明《あき》さんの作品が評判になるのも、その色合いの繊細さや奥ゆかしさといった魅力が大きな要因になっています。

日本の漫画がもつストーリー性も、海外で高く評価されるポイントです。登場人物の繊細な心理描写や、しっかりとしたシナリオに立脚した、唯一無二の世界観などが、多くのファンを熱狂させているのです。

また、現在海外で人気の高いアートのジャンルや様々なブランド類の商品を見てみても、そのほとんどが元は海外から仕入れた文化を、日本の「編集力」によってアレンジしていったものです。

◎漫画やアニメグッズ

日本の漫画やアニメはもちろん、品質の高いグッズには多くのコレクターがいるほどです。

◎ゲーム

キャラクターはもちろん、ゲーム機の性能の高さも人気の秘密になっています。

◎家電

丈夫で壊れにくく、機能性の高さは昔から人気を誇っています。

◎化粧品

品質の高さからくる安心と安全性が信頼を生みだし人気となっています。

◎カメラ

日本のブランドは性能の高さや品質の良さで、レンズなどの付属品も人気があります。

◎有名産地ブランド

今治タオルや有田焼、燕のステンレス製品など、民芸品や工芸品の良さを活かしながらブラッシュアップした製品が、高い人気を誇っています。

日本人にはもともと、手仕事や細かな作業を得意とする気質がありました。また、国土が海に囲まれた島国という、技術や文化を独自に構築、発展させる落ち着いた環境に恵まれているということも、好条件になっていると思います。

じつはわたしは、このような良きものを取り入れながら文化・文明を醸成していく日本人の感性の大元には、古くから日本に息づく助け合いや思いやりの精神があると思っています。

そして、その精神こそが、「ＡＩ（人工知能）」技術などの最新テクノロジーが猛烈な勢いで進化する中にあっても、さらに「編集力」を高めていく重要な要素になると感じるのです。

「これからの編集力＝人間力と思いやり」

この言葉がとても大切になってくると思うのです。

ＡＩの情報処理能力の高さに、人間はとうてい対抗することなどできません。

でも、人が生きる世界には、テクノロジーではかることのできない数値では表現しきれないことが数多く存在します。

◎創造性が必要な作業

◎人の気持ちを汲み取ること
◎少ないデータでの推論
◎合理的であいまいな判断
◎言葉の意味・意図を理解した解釈
◎倫理観の伴う作業

看護や介護、教職などの人間の心と向き合うことが必要な仕事や、カウンセラーなどの多様性を重んじながら人間の心を癒す仕事、組織のリーダーなどの正解がひとつではない中での選択を迫られる仕事……仕事だけではなく子育てやパートナーシップなど生活のありとあらゆる場面で、必ず人間力と思いやりを用いた「編集力」が活かされるはずです。

「編集力」を味方につけることこそ、日本の良さと未来を描く大切なキーワードになると思っています。

「人生の編集」について

「人生を編集するって、どういうことですか？」

ある日、訊ねられたことがありました。

「人生の時間を巻き戻すことはできないので、起こったことは変えられませんよね？　では、〝編集する〟って、どういうことでしょうか。教えてください」

たしかに、人生をやり直すことはできないし、あったことをなかったことにすることもできません。ただし、**人生で起きた出来事（点）**をそのまま放置するのではなく、時がすぎてふり返ったとき、起きた真意を自分なりに深掘りすることはできると思うのです。

昔の「点」と今の「点」を結びつけてみる……ということです。

「人生の8つのしくみ」でふれた「**起こることすべてに意味がある**」というしくみ（P160）は、自分勝手な解釈や詮索で妄想的に思い込むことを意味しません。

自分が静かな心の状態だと思うときや感性を豊かに保っていると感じるとき、人生そのものを俯瞰して見られる気もちのときに、自分の歩みを紐解きながらフラットな心もちでいろいろなことを思いだしてみるのです。

これはわたしの体験ですが、ふり返りの時間はいつでももてるものではありません。自分が節目だと思う瞬間に、ゆったりと丸1日なにも予定を入れないで自分のためだけに時間をつくることが大切です。

わたしの場合は51歳のとき、息子が18歳になって一人暮らしをすると決めて、わたしの元から旅立って行ったとき……久しぶりに1人になった時間を活用して、丸1日、人生のふり返りだけに集中する時間をつくったのでした。

まずは、それまでの人生で、**いちばん悲しかったこと**を思いだしてみました。

それは……やはり妻の死を体験したことでした。長かった闘病期間、幼かった息子のこと、家族や親戚とのトラブル、どうしても希望がもてなかった日のこと……

それは、昨日のことのように思い出せるくらい強烈な体験でした。

「では、そのもっと元にあるものって、なんだろう？」

彼女のガンが再発する前……息子が生まれたときのこと。嬉しかったなぁ。妻のお腹のなかにいたいのちが形になって目の前にいる。とても幸福な体験です。

家族の人数がふえたことも、わたしを興奮させました。キラキラしたよろこびのオーラで部屋中が輝いていました。みんなが笑っていました。

「よく来たね。いらっしゃい」

自分が父親になったこともふしぎでした。あの当時、すでに我が家には猫の家族が4匹もいたので、人間3人と合わせて〝7つのいのち〟の大家族。ほんとうは大所帯が大好きなんだと、そのときはじめて気づいたことも思い出しました。

猫たちが生まれたばかりの息子のまわりを取り囲みながら、なんだかものめずらしそうにソワソワと見ている姿も印象的でした。

そして、そのもっと元へ……彼女と出会った日のことをふり返ります。

偶然ですが、その後に最初に飼うことになったアメリカンショートヘアーの雄猫の血統書を見ると、なんと誕生した日が、わたしたちがはじめて出会った日と同じだったことがわかりました。その猫には、「楽しいことがじゃんじゃん起きますように」と〝ジャンジャン〟と名づけました。

出会ったときのこと。お互いに知らないことを少しずつ知ろうとして、時間を重ねていった体験。はじめて一緒に住んだ日のこと。たくさん笑ったこと。そして、たくさん泣いたこと……一気に20年くらいの間に起きた「**点**」がよみがえってきます。

いろいろなことを思いだして、その都度ノートに書きながら、たどり着いた元の元は10歳のときの体験でした（P136）。ノートには、まるで星たちが散りばめられたような、たくさんの「点」が描かれています。

「あっ、今、僕のカラダがなくなっても、残るものがあるんだな」

真っ暗ななかで湧きあがってきた思い、そして感情。

「残るものって、なんなのだろう？」

そこまでをノートに書き記して、ふとペンを置いて目を閉じました。そして、しばらく瞑想するような気もちで、心に静けさを広げてみたのでした。

「そうか……うん、うん……」

どんどん浮かんでくる思いや感情にフタをせず、湧きあがるだけ湧きあがるままにしておきました。心のなかをそのまま流れていく思いや感情もあれば、心のスペース（広場）に残っているものもあります。時間をはかっていたわけではありませんが、心が「もういい」と思うまで瞑想をつづけました。

どれくらい時間が経ったのか。静かに目を開けて、書ける思いや感情を言葉に置き換えてつづりました。とても豊かな気持ちになっています。ほしいものを手に入れたときのうれしさではなく、美味しいものを食べたときの満足感でもなく、それまでの人生では味わったことのない至福感でした。

体験した50年すべてが平らなノートのうえに存在していました。

※思えば『「息」の循環と最期の呼吸』（P201）の稿で書いた富士山山頂に登ったときも同じ至福感でした

こんなにゆっくりと自分の人生をふり返ったことがなかったので、いろいろなことがあったのに、意外とあっけなく時がすぎていったことに、少しおどろいた気もちでした。大切なことが、まだやれていない気がしました。

自分は、なにを学びたくてこの世界にやってきたのか？　50年間もかけてなにを感じたかったのか?

じっとノートを見ているうち、いくつもの「点」と「点」がどんどんつながって「線」となり、自分がなにを選択して、どんな環境のなかで、なにを体験したいのかが、わかりはじめた気がしたのでした。

どうして10歳のとき「魂」を知るような体験をしたのか?
どうしてものをつくることが好きだったのか、
どうしてあんなにも悩む20代だったのか?
どうして出版社に入ったのか?
どうして本の編集者になったのか?
どうして妻が他界したのか?
どうして子育てをすることになったのか?
どしてまた独りぼっちの生活が始まったのか?
どうして……どうして……?

いや、最終的な答えなど、まだわかるわけがありません。

わたしはまだ、肉体をもってこの世界にいるのですから。

ただ、人生が半分くらいすぎたときに、**大まかな人生の「あらすじ」**がわかったことは、わたしにとって、それ以降の旅を続けるための「ガイドブック」を手に入れたことのような気がしました。

自分はいったい、どの道を歩いているのか。それを感じられただけでも、**「人生の編集」**は、すばらしくすてきな時間でした。

息子と別れて生活を始めた頃、もうお世話になっていた出版社を卒業する気もちでいたので、これからのことに思いを馳せるきっかけにもなりました。

「人生を編集する」とは、**起こった出来事から、次へと向かうための新しいメッセージを自分で確認すること**だと思います。

次章の「第7のセンス」でもふれますが、人生に意味を問うのではなく、人生のほうから**「どう生きるのか？」**を問われているわたしたちは、人生の最期にして、ようやくその答えと出会うことになります。でも、できるならあなたにも、肉体をもって生きているうちに、それに気づいて理解しながら人生の旅を愉しんでほしいものです。

この世界にいる間に、できるだけ様々な体験をしてほしいと願います。もちろん、わたしもそのような気もちで、残りの人生を生きていきたいと思っています。

「人生」では、じつに多くの出来事が起こります。

多くの人たちが登場して、様々なイベントを体験させてくれます。

うれしいことばかりではありません。つらいことも悲しいことも高い山のようにたくさん起こります。「なんと理不尽な！」と思うことも一度や二度ではありません。

人によっては「もう死んでしまいたい」と思うこともあるでしょう。

人によっては「しあわせすぎる体験ばかり」を享受する人もいるでしょう。

心から笑える人生、心から悲しむ人生……でも、笑えるか、悲しむかが人生の豊かさではありません。表現されることは、あくまでも表面的なことなのです。

大切なのは〝根っこ〟がどうなっているのか、ということ。根がしっかり育っているかどうか、ということです。

東城百合子先生がいのちをかけて伝えつづけてきた言葉です。できるなら、肉体をもって生きているうちに、**「人生を編集する」**感性を養ってみてください。なぜ、それが起きるのか？　なぜ、それを体験するのか？

あなたが今、いったいどこに立っているのかを知るためにも……。

ちいさくていい

わたしはわたしの道をあるいて
あなたはあなたの道をあるいて
その道は　まじわることはないけれど
であうことは　あるよね
それぞれの道のよこで
かんじることとって　あるよね

ひとりでは生きていけないから
ときおり　だれかの心がほしくなる
ひとりではいられないときに
そっとだれかの　息づかいがききたくなる

そんなとき　じぶんからさしだせる
思いやりが　あったらいいね

ひとは　じぶんのことしか
かんがえられない　いきものだけど
たまには　あるく足をとめて
だれかのために　ひとときをつかう
こんにちは　風がきもちいいですね
言葉はすくなくていい　ひと息でいい
おれそうになった　心のつばさは
きっと　そのひと息で
ゆっくりと　よみがえるから
思いやりは　ちいさくていい

第7のセンス

人生とは豊かになるための旅

このわたしの名前で旅をするのは
たった一度のことなのです
このカラダや細胞たちと
一緒に旅をするのも一度きり
一期一会という言葉が表すように
二度とはやってこないこの瞬間を
あなたは、どんな気もちで生きますか？

小さなスクリーンに映しだされるもの

わたしの頭の中には、ずっと浮かんでいるイメージがあります。それは、200インチほどのスクリーンがあるミニシアターのような場所。椅子は、たったの一席。そこに、わたしだけが座っています。さぁ、上映のときがきて開演前のブザーが鳴りました。映しだされたのは……。

母親に抱かれている赤ちゃん。兄と並んでいるソファー。両手を握られながら不安定に歩く姿。家族でご飯を食べている風景。いちばん最初に思ったこと。はじめて口にした言葉。学校の入学式。友だちとケンカをした日。はじめて女の子を好きになった瞬間。悲しくなったこと。泣いている顔。うれしかったこと。ウソをついたときの気もち。ほしくなったもの。人をきらいになったとき。生き物を殺した日の夜のこと。

そんな「わたし」の姿。

喜怒哀楽、すべての心が動いたとき、すべての発した言葉、すべての心に浮かんできた気もち、すべての見た色、すべての聞いた音、すべての嗅いだ匂い、すべてのさわった感触、すべての行ったところ、すべての話した人、すべての描いた夢、すべての観た映画、すべての聴いた音楽、すべての読んだ本……。

「わたし」の一生が目の前に映しだされるのです。
タイトルは「人生のすべて」です。

ノンストップ。1分1秒違《たが》わない、全身の「五感＋第六感」が受けとめたもの全部を見せられます。

わたしはすでに肉体を離れている存在なので時間の感覚がありません。たとえば、今回の人生が80年だとするなら、その80年間すべてを見せられているにもかかわらず、まるで光が一瞬にして流れるような感覚なのです。ピッと光が流れる速度くらいのハイスピードで一生を味わいます。

あっという間。ほんの一瞬です。

観終わったあと、きっとすぐには立ち上がれないでしょう。自分が生きてきた今生がいったいどんな「人生」だったのか。その場でふり返るのです。

知り合いのミュージシャンが若い頃、末期がんの患者さんたちが最後の時間をすごすホスピス病棟でコンサートを開いたときのこと。聴きに来ていた1人の患者さんからこんな質問をされたそうです。

「人生って何だと思いますか?」

まだ若いミュージシャンは答えられませんでした。

「さぁ、僕にはまだわかりません」

すると質問をくれた人が彼に向かって言いました。

「人生って、夏休みみたいなものだったよ」

「どういうことですか？」

「夏休みみたいに、あっという間にすぎたよ。宿題とか嫌なこともあったけど、夏休みの最後の日には楽しい思い出がたくさんできた」

まるで夏休みのように、人生はあっという間にすぎていく体験だったというのは、終末を迎えた多くの人が口にする言葉です。人生がどういうものなのか、それまでは考えたこともなかったけれど、いざ終わりが見えてくると、信じられないくらいの速さだった実感しか残らないものだ、と。

たしかに、わたしはまだ最期の瞬間ではありませんが、人生の時間がものすごい速さですぎていることは、すでに実感していることです。

特に30代に入ってからの日々は、それまでの倍速くらいの速さで通りすぎていったような気がします。人生は夏休み……たしかに、そのとおりだと思います。

「人生の8つのしくみ」のところで（P156）、わたしは次のことを紹介しました。

・自分で決めてきたことは生まれる瞬間に忘れる

そのしくみがなぜ起きるのか？　それは、どんな人生を体験したいのか、ジャンルは自分で決められますが、「人生」という映画は、台本があってそのとおりに役者が演じるものではなく、言うならばドキュメンタリー映画に近いものかもしれません。だから、決めてきていることも、母親の胎内から出てくる瞬間に、いったんすべて隠されてしまうのです。

それが、「人生」という旅のゲーム感覚を演出してくれます。

自分で決めた生まれる場所や環境は「宿命」と呼ばれ、変えることはできません。

そのなかでいかにして体験を重ねるか……。自分がどうやって成長していくのかが

「人生」という旅の醍醐味。生まれた瞬間から人はそこに向かって歩いていくのです。

・決めてきた宿題を解くために見合った出来事が起きる

この言葉も「8つのしくみ」のひとつです。生まれるときに一旦隠されてしまう宿題なので、どんなテーマを課してきたのか自分ではわかりにくくなっています。ただ、それを解くために見合った出来事が人生のなかで起きてくることはまちがいありません。起こる出来事にひそむ課題を解決していくことこそが、宿題の答えを導くヒントにつながります。

人によっては、最期を迎える以前に宿題の内容に気づく人もいます。気づく人は少しずつ増えており、なにを隠そう、じつはわたしも気づいている1人です。

わたしの場合は、やはり書籍の編集という仕事のなかで、様々な著者の人生を一緒になって味わえたことが、気づきをうながすことになりました。

「人生のしくみ」も、そのような仕事を通じて、ふつうなら体験できない人様の人生を追体験していくなかで見えてきたことが大きかったと思います。

「人生とはなんなのか」という問いにふれているうちに、それが自分自身が決めてきた「宿題」そのものにも感じられるようになりました。それは、どんな宿題なのか……わたしの場合は**「魂」**にまつわる内容です。


「魂」の存在を多くの人たちと分かち合い、ネガティブな死生観を見つめ直すこと。

これからの日本は、これまでに体験したことのない高齢化社会になります。圧倒的な数となる高齢者たちの「死」に対する意識のエネルギーが、どのような様相を帯びるのかということが、今後の社会にも大きく影響していくと思うからです。


人生の最期、スクリーンに映し出される映画「人生のすべて」を観て嘆くのか？

よろこぶのか？　笑うのか？

あなたはいったい、どう思うのでしょうか。

「みんなになる」という新しい旅

ウイルスパンデミックによって世界中が混乱していた2020年から数年間。当時、わたしが住んでいた神奈川県茅ヶ崎市でも緊急事態宣言が発令され、暮らしのなかに緊張感が漂っていました。そんな状況でしたが、毎月一度、神戸市長田区までの片道約600キロの道のりを、車（軽自動車）を走らせながら移動していました。目的は、新しい映画を制作するためです。

2011年から始めた**「大人の紙芝居プロジェクト」**は、本と読者という二次元的な関係性を飛び超えて、映画の力によってリアルな場を編集するという、わたしにとってはとてつもなく実験的なチャレンジでした。

本の編集者が映画をつくってリアルな場をプロデュースしていく……なんだかよくわからない試みに、最初は賛同者も少なかったのですが、1年、3年、5年、

10年と、くり返し同じことをやっていく、しつこく暑苦しいほどの継続性も（笑）、やがては強みに変わるものです。

「七沖がそこまで言うなら、そんなにがんばっているなら……」

と新しい映画制作にも温かい声が寄せられるようになりました。


では、どうして世の中が移動しにくい時期に、あえて神戸市長田区まで通っていたのか？　撮影の舞台となった、多世代型介護付きシェアハウス**「はっぴーの家ろっけん」**のコンセプトのなかに、近未来の日本が大切にしてほしいと思えるエッセンスが、数多く散りばめられていたからです。


２０１８年の１月にお世話になった出版社から独立したとき、「編集」という領域を広げていくひとつの妄想として、**〝町づくりに「編集力」を活かす〟**というアイデアがありました。

２００６年に北海道夕張市が財政破綻を起こしたニュースを目にしてから、なんとなく日本中の市町村や行政の動向、また国の官僚機関から発信される情報を拾うようになって、日本の近未来が大きく変わっていく潮流を感じとったこともきっかけとなりました。

戦後の日本が味わってきた大変革……経済だけでなく教育や文化のジャンルでも、日本の精神性は大きく変わることを余儀なくされました。終戦をむかえてから2025年には80年の月日が経ったことになります。

真の原因究明については、ここでは割愛しますが、30年以上にわたる経済の低迷をはじめに、類のない少子高齢化の波、自給率の低下、労働力の減少、若年層の自殺率の上昇、国民の自己肯定感の低迷など、解決の糸口を見出せない問題の数々が、国内に蔓延《まんえん》している状況です。

そのようなときに、「はっぴーの家ろっけん」代表・首藤義敬《しゅとうよしひろ》さんの講演録をネットで見つけ、とてもユニークな標語の数々に釘づけになりました。

◎遠くのシンセキより近くのタニン
◎違和感も3つ集まればどうでもよくなる
◎日常の登場人物をふやす
◎1人のプロより100人の素人

胸が躍りました。そこには、わたしがずっとイメージしてきた、これからの**人とのつながり**が、いきいきと表現されていたのです。

「多様性」という言葉を具体化させるとき、高齢者を連れてきて、外国人を加えて、赤ちゃんを抱っこしたお母さんやお父さんを並べて、ついでに10代の子どもたちを立たせて……などというステレオタイプな画をわたしたちは語ってしまいがちです。

ところが、首藤さんたちのシェアハウスには、そんなステレオタイプなつくられた画などは、どこにもありません。**「日常という暮らし」**がベースにあり、集まってくる人たちは、一緒にいることを認め合ってはいるけれど、お互いに理解などしていない、そんな混沌とした〝場〟があるだけでした。

シェアハウスのカオスぶりを目のあたりにしたとき、映画で使いたいキャッチコピーが浮かんできたのでした。

「あなたがいて、わたしがいて、みんなになれる」

「わたし」の人生の主役はわたしであり、だれかが代わりに生きられるものではありません。だれかの人生をだれかが生きることはできないのです。ところが、人は1人きりでは生きていけないのも事実です。映画のなかで首藤さんも語ってくれているのですが、これからは〝**他人の価値**〟が今まで以上にあがっていく時代です。

でも、どんなに他人の価値が上がっても、自分の人生は自分で責任をもって生きていくもの。あなたはあなたであり、わたしはわたしであることに変わりはありません。しかし、日本に住むわたしたちの感性には「一体感」や「一丸となる」という特性が根強く残っていることも事実でしょう。

「わたしたちになる」

たとえば大震災のような状況でも、わたしたち日本人はお互いが助け合い、分かち合い、過剰に乱れることもなく、「ひとつになれる」感性を大切に活用しています。

「わたしたちになる」というフレーズも非常に柔軟性を含んだ、日本に住むわたしたち独特の言葉だと思うのです。けっして依存することなく、それぞれでありながらも、時と場合によっては融合できる……。

世界の潮流を感じてみても、すでに変化がはじまっているのがわかります。

それは**「自分をさがす」**ことから**「自分をふかめる」**ことへの流れの変化です。

「もっと、もっと」と外側へと向かうエネルギーの矢印が、徐々に内面をみがく、内面を輝かせるエネルギーへと変わってきているのです。

意識が外側に向かっているときのエネルギーは、だれかを羨んだり、より多くのモノをもちたくなったりと、人はひたすら最大公倍数を求めてしまいます。

ところが、エネルギーが内側へと向かっていくときには、自分を掘り下げていくうちに、個人の「心」を通りすぎ、もっと壮大な領域へと意識が広がっていきます。個人をふかめていくうちに、いわば最大公約数を極めた先にあるのは、ユング心理学が説いている「**集合的無意識**」と呼ばれる領域でもあるのです。

そこは、わたし自身でありながらも、あなたの意識すらある世界……それが、どういうことかわかりますか？　そうです。

「**あなたがいて、わたしがいて、みんなになる世界**」

個人のための豊かさを探究してきた人生という旅が、新しい時代では、個でありながらも全体とつながっていくことを愉しむ世界観となるでしょう。

あくまでも私見ですが、そのような変化がわかる感性をもっているのが「日本」という島国だと感じるのです。

だからわたしは、この国が大好きなのです。

みんなになること

あなたの人生は
あなたが生きて
わたしの人生は
わたしが生きる

あなたがわたしを
生きられないように
わたしもあなたを
生きることなどできません

でもね　できることだってあるよ
かかわることはできるよね
よりそうことだってできるはず

あなたの人生にわたしが登場して
わたしの人生にあなたが登場して
「みんな」になればいい

もっている共通のものをさがして
助け合っていけばいいだけの話

あとがき

暮らしを潜《くぐ》らせる試み

自分で企画しておいて、こんなことを言うのもおかしな話ですが、本書のテーマはじつにむずかしいものでした。**「魂のふかいところ」**……それは、いったいどこなのか？　自問自答をくり返しているうちに、あっという間に月日は流れていきます。

原稿も、書いては寝かして捨て去り、書いては寝かして捨て去りの連続……。ノートパソコンのキーボードを打ちに打って書いた原稿も、枚数だけでいうならば、きっと約3冊分の本の原稿に匹敵するくらいのボリュームになったと思います。

季節も、春から夏へ、夏から秋へ、秋から……アインシュタインさんの実験ではないけれど、重力から逃れていくように時間は早足で進んでいきました。

ところが、あきらめの悪いわたしは、どうしてもこのテーマのふかいところを潜りたくて、出版社の事情をよく知る編集者という仕事をしていながら、出版社の方々にはギリギリまで待っていただくというていたらく。

いつもは原稿を催促する側なのに……矛盾する自分との葛藤もつづきました。

ほんとうに、とてつもない時間をかけました。

それでも原稿を書きながら、同時に時間を費やしたのが**「瞑想」**でした。

自分の書斎のゆったりした環境で行うときもあれば、移動しながらの電車のなかやハンドルを握っている車の運転席（もちろん、そのときは心の目だけを閉じて）、お店でご飯を食べながらだったり、人気の少ない公園だったり……と場所は問いません。とにかく瞑想によって、**自分の意識を潜らせる試み**をくり返したのでした。そこで湧きあがってきた〝**想い（思い）**〟や〝**言葉**〟を紡ぎながら、そして編みながら、少しずつ原稿をまとめていったというのが舞台裏の話です。

だいたい日常の仕事に取りかかる前、早起きしてからの数時間が執筆の時間でした。昼間も本づくりに関わっていることが大半なので、それが混ざらないように。

わたしたちの「意識」は、常に外側で起きたことに反応しながら動いています。人は選択と決断を1日に約35000回も行っていると原稿内でもふれましたが、「意識」に意識を向けていると、それもうなずける回数だということに気づきます。

そして、その意識を自分の内側だけにもっていこうとしたとき、わたしのなかで、おもしろいことが起きました。〝**抵抗**〟の二文字浮き上がってきたのです。

それは危険なことだと本能が察知したからかもしれません。人間の意識は、まちがいなくふかまっていく方向へと進んでいるのですが、意図的に無意識の世界へと向かわせるエネルギーは、少々乱暴なのでしょう。

ただでさえ、生まれてからの知識が頭のなかにはデータのように山ほど蓄積されているので、そのなかで解決しようとする力が猛烈に動きます。その先にある無意識の世界まで向かっていかないのです。何度も自我が反発しました。

やがて、その行為がしんどくなってきたので、今度は「わたし」個人ではなく、

暮らしそのものを潜らせることに意識を向けました。そのとき力強くサポートしてくれたのが、**3人の師匠**の存在であり、それぞれとかかわった経験でした。

暮らしの営み……きちんと食べものを料理すること、時間をていねいに使うこと、心を穏やかに保つこと。心の師匠たちから受け取った〝言葉〟を思い出しながら、自分の意識もゆっくりとふかめていったのでした。

暮らしを整える。そこを軸として生きていく実感を味わうことで、自我の意識も整いはじめました。そのうち、個人の意識を乗り越えてゆく瞬間を、少しずつ、感じるようになったのです。そのとき頼りになったのが**「五感＋第六感」の感覚**です。

頭で考えるのではなく、感じること。

暮らしから意識をふかめていくと、原稿を書くスピードが速まりました。


本書を執筆するきっかけの元となったことにもふれておきます。

それは、オンラインで開催されていた**「読書会」**への参加でした。**「午前3時の手帳会」**という名の勉強会を主催する〝まさみん〟こと吉川真実《よしかわまさみ》さんとのご縁の流れでした。

毎朝の15分間、彼女たちが決めた本をみんなで音読していたのですが、そのとき選ばれて読まれていた本は作家・四角大輔《よすみだいすけ》さんの著作『**超ミニマルライフ**』という、ライフスタイルを軽量化するための実践法が書かれた作品で、そのなかの一節に、わたしが大好きで尊敬する小説家・村上春樹《むらかみはるき》さんのエッセイ集『**職業としての小説家**』のことが取り上げられていました。

たまたま、わたしが参加したときが、ほんとうに偶然にもそのくだりを読んでいた朝だったので、「その本は、とても人生の参考になる本ですよ」と何気なく紹介したところ、四角さんご本人からの推薦もあって、

「次は、村上春樹さんの本を読みましょう！」

ということになったのでした。

わたしは拙著『**情報断食**』で、村上春樹さんを考察するコラムを書くほど、春樹さんの存在をリスペクトしています。春樹さんが、どうやって世界のハルキムラカ

ミになっていったのか。その大切なポイントに「**物語をくぐらせる**」という独特の創作思考があることを著作や発言から知っていたのでした。

小説家が、ただ自分の創作力だけで物語を生みだすのではなく、自分の心の奥ふかくにまで意識を下ろしていき、そこに物語を潜らせることによって、さらに読者の心の奥ふかくに届くような物語が紡がれていく……。

ユング心理学にも造詣がふかい春樹さんは、きっとユングが提唱していた「**集合的無意識**」の領域にたゆたう、人間の共有心理に思いをはせられていたのではないか、と推測しました。その集合意識を潜った物語なら、国や人種、環境がちがっても共感されるストーリーとなるはず……。

「なんて斬新な！」と思うと同時に、とても理にかなった創作法だと興味が高まりました。そうやって、世界中を小説でつなげることができれば、その共有観から人間の神性が豊かになるかもしれません。もっと平和な世界が構築されるかもしれません。

そんな春樹さんをリスペクトしつつ、わたしも同じことを試みたいとチャレンジしたのが本書の企画の根幹にあったことは、この場を借りて白状しておきます。

本書『魂のふかいところへ』のなかでも取り上げましたが、わたしたち人間がつくりだした人間の世界は、すべてが**「思いの総和」**によって成り立っています。人工的につくられたものはすべて、必ず**「思うことからはじまっている」**のです。わたしの関心はそこにも向けられました。

というのも、わたしが生まれた1960年代の日本は、まだ戦後の傷跡が癒やされないまま国の復興・発展が進んでいった背景があります。とにかく大国に追いつけ、追い越せで、なかったものをどんどん開発していきました。大国の技術やモノを取り入れながらマネて、さらにもっと品質の良いものをつくりだすことでお金や経済や文化をも手に入れたのです。

あふれかえるくらいのモノがつくられ、たくさんの物質が生活を豊かにしていく幻想を追いかけながら、国中が夢を見るような環境づくりへと邁進しました。

ところが……そのうち、自分たちのアイデンティがわからなくなったのでしょう。戦後も80年がすぎていくうちに、あれほどがんばって国の復興エネルギーを担った世代も70代や80代へと年齢を重ね、その次の発展エネルギーを最大限に享受したわたしたち50代から60代の世代も、ある程度の欲求が満たされた果てに、希望の光を見出すこともできずに元気すらなくなってきて……。

気づけば少子化で子どもたちの数も激減し、こんな国で子育てなんて……と、そもそも結婚すら避ける若者もふえています。

「思いの総和」

それが現実をつくっていくならば、わたしたちの〝今〟の思いの総和は、いったいどんな未来をつくるのでしょう。思いの一端を担う1人として、そして、この国が希望をもって放っていたエネルギーを存分に味わってきた世代の1人として、憂いを抱く気もちは隠せません。

とにかくお役に立ちたい一心です。そのために時間を使いたいと思っています。

最後になりましたが、4年ぶりの書き下ろしにチャレンジする気もちが生まれたとき、山内尚子さんが代表をされている出版社「きれい・ねっと」の存在が頭に浮かびました。

できれば、志が同じ方々と一緒に活動したい。ただモノをつくって流通させるだけ、売れなかったら「はい、さようなら」ではなく、ずっと読みつづけられる作品を大切にしてくださる方々とご一緒したいと考えていました。

出版社として読者を大切にされている姿勢にも大いに共感しました。マーケットを意識しただけの本づくりではなく、共に歩きながら、共に成長できる仲間とのご縁や出会いを意識した作品づくり……それを通して、あらためて本の役割を思い出したい気もちもありました。

本を編むことは、とても刺激的で楽しいことだとわかってくれる人たちと共にすごす時間を味わいたい！　原点回帰のような純粋な思いです。

1人で読むだけでなく、みんなで音読したり、勉強会を開いたり、暮らしのなかで本を実践的に活用したり……。本の役割は、まだまだいっぱいあるはずです。心が揺れ動くことの多い時代だからこそ、もっと本を活用してください。
本書『魂のふかいところへ』は、仮に今から10年後、手にとっても色褪せることなく、読む人の人生に役立つよう想いを潜らせてあります。旅路の友として、いつまでも側に置かれることを祈っています。

ギリギリまで時間をかけたわたしをいつもニコニコと待ってくださり、ていねいな編集を担当してくれた山内尚子さん、本が完成するまでの様々なサポートでお世話になっている中山和孝さん。かわいい白クマを描いてくれた舘野杏奈さん。そして、いつも素敵なブックデザインをしてくださる福田和雄さんに心から感謝申し上げます。ありがとうございました。

鈴木七沖

鈴木七沖　Naoki Suzuki

1964年、愛知県名古屋市生まれ。大学と服飾専門学校を卒業後、ファッションブランドのパタンナーとして活動。その後、コピーライターなどの経験を経て1997年、未経験のまま出版社に入社。編集者として170冊以上の書籍などを企画・編集、心と記憶に残る数々のベストセラーは今でも読み継がれている。2011年、初の映像監督作品としてドキュメンタリー映画「SWITCH」を発表。国内外450か所以上で上映され、観客動員数は12万人を超えた。2018年1月に「株式会社なないち」を設立。現在は、もっと「編集力」を広めるべく、書籍の編集、映像作品の制作、企業の顧問コンサルティング、コミュニティの企画・運営などを展開している。2020年秋に町づくりコミュニティサロン「風の町」を立ち上げると同時に、初の著書『情報断食』（きずな出版刊）を発表する。2023年6月、神戸市長田区にある多世代型介護付きシェアハウス「はっぴーの家ろっけん」を運営する30代たちを描いた最新映像作品コミュニティムービー「30（さんまる）」を発表。全国で自主上映をスタートさせる。京都と東京の二拠点で活動。2024年8月、会社名義を「株式会社 今日と明日」に変更。同年の12月、2冊目の著書『魂のふかいところへ』（きれい・ねっと刊）を発表する。

★鈴木七沖が運営するオンラインサロン
“つくる・たべる・かたる”「風の町」
https://kazenomachi2020.com/about

この星の 未来を創る 一冊を
きれい・ねっと

魂のふかいところへ

2025年1月11日　初版発行

著　者　鈴木七沖
発行人　山内尚子

発　行　株式会社きれい・ねっと
〒670-0904 兵庫県姫路市塩町91
TEL：079-285-2215／FAX：079-222-3866
https://kilei.net

発売元　株式会社 星雲社（共同出版社・流通責任出版社）
〒112-0005 東京都文京区水道1-3-30
TEL：03-3868-3275／FAX：03-3868-6588

イラストレーション　舘野杏奈
ブックデザイン　福田和雄（FUKUDA DESIGN）
印刷・製本所　モリモト印刷 株式会社

ISBN978-4-434-34724-5